淄博地方票

ZIBO DIFANGPIAO

陈旭 主编

齊魯書社

《淄博地方票》编委会

主　任：王　剑

副主任：刘学义　张光明　于崇远

主　编：陈　旭

编　委：石海涛　张　光　李　银　李　林

孙永行　邢晓伟　张海港　张丽萍

序

今年六月在浙江绍兴开会期间，好友陈旭携来《淄博地方票》书稿，邀我为之写序，初读其稿，便被其中许多新发现、新成果所吸引，诸如“淄州交会”铜钞版的发现和研究、抗日边区货币的整理和研究、地方私票的发掘和研究等等，都令我十分兴奋，深感这是一本实物资料和文献史料相结合，钱币学和货币史、金融史研究相结合的一部专题性极强的好书。《淄博地方票》通过对地方票所反映信息的解读，延伸研究至地方建置、工商业发展、钱庄号的形成乃至经营方法，以及银号汇差利益与期差利益、利银计算方法的研究等方面，以点带面，不断深入，不断扩展，使地方票的研究与收藏更有内涵。

在中国浩瀚的货币史中，地方票的收藏与研究是近年来兴起的一支生力军。地方票的地方特色也是其他货币和文物所不能替代的。它对研究地方区域的政权、武装、商会、工商业、金融业乃至私营票号、商号等起着极其重要的作用。研究地方票除现有的文献资料外，还要从地方发现的实物入手，因为许多历史文物的发现不但能证史，还能补史。

淄博地处山东中部，自古经济贸易发达，齐国故都临淄即在于此。太公封齐，因其俗，简其礼，通工商之业，便鱼盐之利，开启商业之风，自此历朝历代保持了这一传统。宋金时期，金融业已有了长足的发展，“淄州交会”便是有力的证据。至清末民国时期，由于当地煤炭、陶瓷、琉璃、丝绸等物产丰富，随着手工业、商业的不断发展，带动了民间票号业的兴盛，地方票的发行也进入了空前时代。

票号业的发展，最讲究的是一个“信”字，它体现在存款、汇兑、提现等每一个环节，如果稍有疏忽，就会出现挤兑、倒账的命运，所以票号业首先要靠良好的信用，其次再靠资金、人才、制度、谋略等才能根基巩固，长盛不衰。纸币的发行更是如此，购买力是信誉度的最好体现。这就启示我们，面对诚信日趋衰落的客观现实，不应回避、畏缩。根除当前社会信用缺失现象，建设信用社会，一方面要大力弘扬传统的诚信精神，另一方面要借鉴、吸收现代信用文明的成果，并将票号业的管理方法、制度创新、营销观念应用于实际工作中，其目标是建设传统文化与现代文明相得益彰的符合中国国情的现代信用制度。

《淄博地方票》一书的出版发行，是淄博地方钱币在收集和研究方面的新成果，它不仅为淄博地方史研究提供了珍贵的实物资料，也为我国金融史、货币史研究提供了重要的资料，更为研究货币文化、金融文化服务于当代经济，探索了一条切实可行的新途径，作出了新的贡献。

谨此小序，贺之，谢之。

戴志强

二〇一四年夏，写于[illegible]

（戴志强：国家文物鉴定委员会委员，国家文物局专家组成员，原中国钱币博物馆馆长）

前 言

所谓地方票，是地方政府或政权、半官方性质的商会以及当地民间钱庄、商号、厂矿等发行的钞票或代用券的统称。地方政府、政权、商会所发行的纸币名目繁多，有各地银行票、军用手票、流通券、兑换券、辅币券、田赋券等。民间私票则有钱帖、私帖、土杂钞、土票、乡票、花票、吊票等。另外还有抵债券、代用券、工资券等代替货币使用的票券。钱币收藏界已约定俗成地将此类票券称为地方票，故本书以此为名。

近年来，随着各地方政府对地方文化的重视和发展，地方票的研究与收藏已成为一个新的方向。它不仅是一种极具地方特色的历史文物，而且能反映当时地方的政治、经济、文化、金融、风俗以及历史沿革等一系列内容，有助于让我们了解这种独特的货币文化。

淄博地处鲁中大地，下设张店、淄川、博山、周村、临淄五区和桓台、沂源、高青三县，其中临淄为齐国故都，自古经济贸易发达，太公封齐，因其俗，简其礼，通工商之业，便鱼盐之利，开启了泱泱大国之风，自周至汉作为方国国都长达一千余年。周村是著名的“丝绸之乡”，鲁商文化的重要发源地，素有“金周村”、“旱码头”之称。春秋战国时期属齐国於陵邑，自古商业发达，明朝嘉靖年间已有“周村店”称谓，明末清初开始走向繁荣。蒲松龄在《聊斋志异·鸮鸟》中曾这样描绘：“康熙乙亥间……周村为商贾所集，趁墟车马辐辏。”1904年，胶济铁路开通后，周村与省府济南、潍县（今潍坊）同时被清政府批准为自开之商埠，繁盛更是“几甲全省”，“驾乎省垣之上”，成为辐射鲁中、跨江（长江）越河（黄河）的著名商品集散地。“大德通”、“瑞蚨祥”等皆为著名的钱庄商号。博山在宋代时为颜神镇，当时已经发展成集窑（陶瓷）、炉（琉璃）、碳（煤炭）三大产业于一地的手工业重镇，据《颜山杂记》记载，博山琉璃销售曾“北至燕，南至百粤，东至高丽，西至河外，其行万里”。《博山县志》载：“邑以物产为外人艳称，视为宝藏地”，成为“淄（川）、莱（芜）、新（泰）、益（都）间斯一都会”。淄川，历史上是山东省的名县望邑。清末戊戌变法以后，思想禁锢被打破，民主主义思潮席卷全国，民族资本的力量开始发展壮大。特别是民国初期，淄川地区的经济得到了空前的发展。有资料显示，当时淄川各类工商业户，包括煤炭业、陶瓷业和各类商业等已达四百余家，成为胶济铁路沿线地区重要的商埠之一。桓台，原名新城县，古属齐地，宋代以前，分别隶属于长山、高苑二县。沂源县属沂蒙革命老区，是沂河、弥河、汶河的发源地，境内水资源丰富，但因地势高，有众多山崮，清末民初，境内交通闭塞，商贸总体不兴，仅东南一隅如东里店等地商贸繁盛。由于高青县是由高苑县和青城县合并而来，且建县较晚，已处于解放战争中期了，不可能存在以高青名义发行的各种票券。所谓高青县地方发行的票券，是指原高苑县和青城县发行的票券。清代和民国时期，高苑、青城县的手工业多为农民兼营，有纺织、造纸、建材、榨油、酿酒、木工、烘炉、酱菜、条编等。张店，曾是桓台属下的行政第九辖区，古称黄桑店。因地处交通要冲，过往商旅多在此栖身。宋代，黄桑店中有一张氏店门庭大，客房多，生意兴隆，遐迩闻名。后来黄桑店之名渐被张家店取代。至元代，称之为张店。1955 年 4 月，正式成立张店区。由于张店所辖大部分地区原来都归益都、淄川、长山、桓台四县管辖，张店辖区内地方票多以此四地名为主，故不再单列。

在此等经济环境和历史背景下，淄博民间银钱票号业兴旺繁荣，印制发行了种类繁多私票，以至于许多商号、厂矿等也参与其中，民间私票层出不穷，成为钱币界的一个专项收藏。

本书的内容主要有文字和图片两大部分组成，其中文字部分内容为对淄博金融老字号的研究、淄博地方票发生与发展的研究、金代“淄州交会”铜钞版的发现与研究、抗日边区地方票的研究、银号汇差利益与期差利益的研究、清代利银计算方法的研究、与之相关银行业的研究、老银号从业人员的回忆记录以及各类历史档案、管理规定等等。图片部分包括了地方票钞版、地方军用票、商号和银号私票、票据、抗日边区票、银号印蜕、信件以及与地方票有关的银号遗址、老商业街等。其中最早的地方票实物金代“淄州交会”铜钞版、近代周村商业银行钞票、山东护国军军用手票、益寿临广流通辅币等都极具特色，淄博本土民间私钞也各有特点。通过大量的实物资料和文献资料，笔者对淄博乃至整个山东的商业、金融业、票号业、商号、商会以及地方政权、武装等加以解读和研究，使之成为研究地方史不可或缺的组成部分。

此书的研究方向，除地方史、金融史外，也正吻合了当今的经济形势，为现代的民间借贷、私人银行等金融业的逐步开放，在融资、汇兑、利率、经营、诚信等各方面提供了良好的借鉴。同时，也为钱币收藏爱好者、研究者提供了一个参考依据。

陈旭

2014 年 6 月 8 日

目 录

概 论

一、淄博地名的由来及区域管辖

山东省淄博市位于鲁中地区，现下辖张店、淄川、博山、周村、临淄五区和桓台、高青、沂源三县。淄博作为地域名称，是随着淄川、博山煤田的开发于20世纪20年代初形成的，系对淄川、博山两地的简称。1945年8月，成立淄博特区，至此，淄博才正式成为政区名称。1955年3月，淄博工矿特区改为淄博市，为省辖市，市级机关驻博山。1959年1月，淄博市与惠民专区合并组建淄博专区，淄博市改为专区市。1961年1月淄博市与惠民专区分设，恢复为省辖市。市级机关由博山迁到张店。1970年1月昌潍地区的临淄县划归淄博市，改称临淄区。1983年10月，惠民地区的桓台县划归淄博市。1990年1月，临沂地区的沂源县和惠民地区的高青县划入淄博市。

张店古称黄桑店。因地处交通要冲，过往商旅多在此歇脚。宋代，黄桑店中有一张氏店门庭大，客房多，生意兴隆，遐迩闻名。后来黄桑店之名渐被张家店取代。至元代，称之为张店。1955年4月，正式成立张店区（由于张店所辖大部分地区原来都归益都、淄川、长山、桓台四县管辖，张店辖区内地方票多以此四地名为主，故不再单列）。

淄川古称般阳，因淄河流经境内而得名。1956年称淄川区。

博山古称颜神镇，博山之名来源有二：其一，博山全境尽山，几无平坦之地，博山之名具有多山之意。其二，因境东南有“博山”，故以山名为县名。1955年3月改为博山区。

周村古称於陵，战国时名为昼，后因临水居称昼屯，北宋年间演变为周村。1955年4月设周村区。

临淄原名营丘，为齐国故都，公元前859年，齐献公更名为临淄。1970年改称临淄区。

桓台古名新城，南宋理宗绍定元年（1228年），置新城县。1914年易名耏水县，旋改桓台县。因境内有齐桓公戏马台而得名。

高青县于1948年由原高苑县和青城县合并而成，取两县首字而得名。

沂源县于1944年5月建县，以沂河发源地而得名。

二、淄博地方银钱号的产生与发展

银钱号的初始形式是钱摊、钱铺，山东明代已有从事银钱兑换的“钱桌子”（钱摊）和店铺（钱铺），清朝乾隆、嘉庆年间，出现钱号、钱庄。主要从事银钱兑换，兼营存款、放款。再以后有票号、汇兑庄和银号。票号、汇兑庄以汇兑为主，兼营存放款。银号初为资本金和营业额较大的钱庄，后来渐与钱庄没有严格区分，只要经营存放汇业务的统称为钱庄或银号。各类银钱号多为民间独资或合资开设，资东负无限责任。日伪时期强令改组为股份有限公司。官办的银钱号，只在清末和北洋政府时期存在过。外商开设的银钱号不过数家。私营银钱号资东多为富户和有声望的名流，靠其资信招揽业务。另聘经理，雇佣店员。利润分配，以“四六”开居多，即全部盈利按西四、东六分配。在营业时间和业务方式上，多迁就客户习惯，与客户联系密切。除正常融通资金之外，多兼营他业，从事商业投机。

据考证，淄博早在18世纪初就有经营商业兼做放款的店铺，这种形式一直延续到20世纪40年代。而专门经营货币信用的钱庄则始于19世纪60年代。现存有记载的民间金融机构是清代初期周村人开办的鸿昌福银号。

历史上的周村本是长山县的一个镇，由于其四方交通便利的区位条件，经过清朝200多年的发展，逐渐形成了以商贸流通为中心的著名的货物集散地。特别是1904年胶济铁路通车和周村开埠后，周村独特的区位优势在资本经济的运营下，显得更为突出，以致成为济南以东、潍坊以西，鲁中地区最大的商业城市，成为方圆100公里内的区域经济中心。也正是由于这一原因，新中国成立后，国家将周村从长山县析出，划入了淄博市。

清道光年间，山西各银钱业都为商业发达的周村城所吸引，纷纷将周村原来的丝店、绸布店转为银号，或派人来建立分号，如大德通、大德恒、大德川、三晋元、协成乾、裕成亨、新合厚、新泰厚等规模较大的字号，在周村号称山西商号八大家。其中最有代表性的是乔姓大德通、大德恒票号。票号凭借其雄厚的资本和广泛的分支机构承办埠际间汇兑，经营存款、放款业务。当时周村金融中心在银子市，位于丝市街西，往南至魁星阁，约200米长，两侧全为高大楼房。最兴盛时，周村的钱庄票号有128家之多，银子市名不虚传。

临淄是春秋战国时期齐国都城，是齐鲁钱币文化极为发达的地域。到了清末，随着近代工商业的繁荣，临淄商业再次勃兴，商铺、钱庄和票号也大量涌现。

宋代以来，博山的颜神镇已经发展成集窑（陶瓷）、炉（琉璃）、碳（煤炭）三大产业于一地的手工业重镇，成为“淄（川）、莱（芜）、新（泰）、益（都）间斯一都会”，是我国封建社会历史过程中少有的工业城市。博山地区的陶瓷、琉璃等产业，在历史上做出了巨大贡献，取得了令人骄傲的成就。清光绪四年（1878年）莱芜人朱玉文集资五万吊钱，在博山西冶街创办恒顺成钱庄。次年淄川人束心斋集资四万吊，在博山宋家胡同开设益盛公钱庄。

桓台县起步较晚，于清光绪十二年（1886年）始有成本较小的祥和钱庄。

清光绪初年，淄川民间始出现银钱业，到民国十年（1921年），淄川境内有较大影响的钱庄11家（淄城6家，昆仑5家）。民国二十二年（1933年），国民政府颁布财政新法，废“两”改“元”，银钱业受到影响。民国二十四年（1935年），国民政府推行法币政策，禁止银元流通，白银收归国有，银钱业日渐萧条。

辛亥革命后，依靠清朝政府支持的山西票号相继倒闭，但当地钱庄业因有了较巩固的基础，工商各业的资金多赖以周转支持，故仍能保持优势并继续发展。1914年淄博的钱庄已增到50家。

第一次世界大战期间，西方列强暂时放松了对中国的侵略，民族工商业有了喘息的机会，淄博的银钱业随着工商业的发展而逐步发展起来，1921年前后为鼎盛时期，发展到200余家。1925年以后，由于军阀割据，连年遭受战乱，各钱庄亏损甚巨，被迫倒闭者70余家。1931～1937年是淄博银钱业的稳定时期。1932年有钱庄144家，资本总额174.9万元，全年存款总额48万元，放款总额133万元，汇兑总额62万元。

1937年日本入侵淄博后，日伪当局对银钱业的管理特别严厉，税收和地方摊派加重，钱庄大都倒闭或转营他业，尚能勉强维持的仅20余家。1942年伪华北政务委员会公布银钱业必须具备法定资金，依照公司法呈准经营，淄博原有钱庄都因无力增资而随即歇业，只剩下新开业的义丰银号（博山商会会长联络工商业户集资3万元联银券而组建）一家。到1946年义丰银号因物价暴涨而倒闭，仅有周村的8家钱庄还在经营存放款兼做投机买卖。

1948年3月淄博全境解放，同年8月，山东省政府公布“山东省管理银钱业暂行办法”，周村的8家钱庄即遵照此办法进行债权债务清理，向人民政府申请转业或停业。至此，私营钱庄在淄博的历史宣告结束。淄博银钱业的发展，自清初始创至新中国成立初消亡，存在了约半个世纪之久，它为活跃地区市场、繁荣地方经济、促进当地工商业发展起了不可低估的作用。它是旧中国金融业、工商业的缩影，是地方经济生活的见证，在中国地方货币史上写下了光辉的一页。

三、票号的利基：汇差利益和期差利益

票号的收入，包括汇费（会费）的收入、利息（期利、贴费）收入、兑换收益（申水、得色、余利），概括地说，就是汇差利益和期差利益。

埠际间的银两货币，通过本平银的换算，仅是反映出彼此银两的兑换值，而非票号的买卖价，因为它未含汇兑价差。同埠的钱庄、钱铺在银、钱兑换上，兑出与兑入，有价差存在；而票号处理异地间银两的汇兑，亦当有价差收益，这种收益称为“汇差利益”。

例如本埠收汇的是关批足纹银，外埠分号交汇的是化宝银，这两种银两币值并不相同，就票号而言，可说是向客人买入关批足纹银，另卖出化宝银。其中买入价必在两者的兑换值（中价）之下，卖出价则在兑换值之上，亦唯有如此，票号才有汇差利益可得。票号若未在收汇当时即取得汇差利益，那么必将所应得的汇差，采取外收方式以“汇费”（亦称“会费”、“汇水”）名目加以反映。汇费是处理汇兑的费用，理论上包括处理费及现银运送、保险费。现银运送、保险费用的高低，与收、交汇两地路途的远近与平靖与否有密切关系，由于票号系通过付款地联号交汇，除非两地银根出现一松一紧，影响到营运时，票号才会委托镖局运送现银加以调剂，否则在正常状况下，此项费用是可以节省下来，与客户分享。

汇费的高低，有其自然的节制，亦即不能超过客户自行处理的费用，否则客户宁可负担水脚、保镖或保险、装箱、改铸等运杂费用，自行雇工运现。

票号的汇差利益，可以在收汇当时即通过兑换先予以扣取，也可以外加汇费若干的方式获取。此外，票号在承做埠际间的汇兑交易时，在收汇与交汇日期上，常有一至三个月不等的时间差，业者称为“空期”。空期的长短，取决于收、交汇两地的距离、交通的方便与否，以及银根是否

紧张等因素。

就票号而言，空期就是可运用该笔资金的期间，在这段期间内所获得的利益，称为“期差利益”。

票号取得期差利益的方式，不外乎下列四种资金运用：

1. 拆放给当地同业，如钱庄、钱铺、当铺等。在道光年间，拆放同业的利率，每两大约月息四至六厘间。

2. 用于逆汇，即本埠先付款，而后由外埠收款；或外埠先付款，而后由本埠收款。利率较拆放同业高，月息约九厘。

3. 用于放款。

4. 存放当地同业或号内箱柜。票号资金，若缺乏其他较适当的运用支处，只好暂时存放当地钱庄、钱铺等同业，或以库存方式自行保管。存放同业大都无息或利息甚微，有应酬性质；自行保管，则方便提用。

以上四种资金运用，以逆汇及放款最具效益，其次是拆放同业。存放同业及库存则是积压资金，除了应酬同业及方便提取外，几无效益可言。

四、清代利银的计算方法

在清道光年间桓台人田允玙所著的《算法捷要》一书中，记载了以下六种利银计算方法，这是淄博地区清代民间利银计算方法的充分体现，此书用实例深入浅出地解答了难以理解的计算问题，具有很高的公式性、实用性、逻辑性和科学性。

1. 今有元、亨、利、贞四人合本经营，元出钱本银二十两，亨出本银三十两，利出本银四十两，贞出本银五十两，共本一百四十两，至年终共得利银七十两，问各该利若干。

答曰：元利银十两，亨利银十五两，利利银二十两，贞利银二十五两。

法曰：置利银七十两为实，以四人共本一百四十两为法，除之得五钱，为每两之利，就以此为法，以乘各人原本，合问。

2. 今有甲、乙、丙三人合伙同商，因各人本银不齐，前后付出，甲于正月付出本七十两，乙于四月付出本八十两，丙于七月付出本九十两，三人共本二百四十两。至年终得利七十两，问各该利银若干。

答曰：甲利银二十八两，乙利银二十四两，丙利银十八两。

法曰：置利银七十两为实，另置甲本七十两，以十二个月通乘之，得八十四两，又置乙本八十两，以九个月通之得七十二两，又置丙本九十两，以六个月通之，得五十四两，三人共得二百一十两，为法除实，得三钱三分三厘三毫三丝，此乃是每年每两之利也，就以此文为法，以乘甲通八十四两，得利二十八两，又乘乙通七十二两，得利二十四两，再乘丙通五十两，得利十八两，合问。

3. 今有人借去银二百六十两，每年加三起息，今有十个月二十四日，问该利银若干。

答曰：七十两零二钱。

法曰：先将二十四日用三归得八数，在十月隔空一位之下，再以十月除之得九数，加年以乘原本得二百三十四两，为实，以每年加三为法，因之，合问。

4. 今有赵、钱、孙、李四人同商，前后付出本银。赵于甲子年正月初九日付出本银三十两，钱于乙丑年四月十五日付出本银五十两，孙于丙寅年八月十八日付出本银七十两，李于丁卯年十月二十七日付出本银九十两。四人共本银二百四十两，至戊辰年终得利银一百二十两，问各该利银若干。

答曰：赵利银三十三两八钱一分五厘五毫，钱利银三十二两九钱七分八厘，孙利银三十一两二钱五分三厘，李利银一十九两九钱四分九厘七毫。

法曰：置利为实银一百二十两为实，另置各人年、月、日数，照依前式，归日如月，除月如年，次之位之零，并年，以乘原本，合问。

赵计五年十二个月二十一日（注：原书计算有误，应为四年十一个月），先归日后除月，又原本通得一百七十九两二钱五分。钱计三年零八个月一十五日，先归日后除月，又原本通得一百八十五两四钱一分六厘五毫。孙计二年零四个月一十二日，先归日后除月，又原本通得一百六十五两六钱六分六厘六毫。李计一年零二个月零二日，先归日后除月，又原本通得一百零五两七钱五分。将四年、月、日通得之数共并得六百三十六两零八分三厘，为法除实，得一除钱八分八厘六毫五丝，即是每年每两之利也，就以此为法，以乘各人通得之数，合问。

5. 今有人借去银每年每两加利二钱七分，今有一年零三个月二十日，收还银三百六十二两四钱七分，问本利各得若干。

答曰：本二百六十八两，利九十四两四钱七分。

法曰：置还本利共银为实，另置年、月、日数，照依前式，用三归，二十日，得六六六六，与三月之下位，并月，再以十二月除之，得五月，五日与一年之下位，另以每年利，二钱七分，乘之得每两利三钱五分二厘五毫，加原本一两，二共为法，除实得原本银二百六十八两，再以每两利三钱五分二厘五毫乘之，得利九十四两四钱七分，合问。

6. 今有人原借本银十五两，每月加利二分五厘，今有六个月已还回银九两，除作本及利，问本利各该若干，仍存原本若干。

答曰：除原本七两八钱二分六厘，该利一两一钱七分四厘，仍存原本银七两一钱七分四厘，仍以原日起利。

法曰：置还银九两为实，另置六个月，以月利二五通之，得一钱五分，加原本一两，本利共二两一钱五分，为法除实，得除本银七两八钱二分三厘，又以通利一钱五分乘之，得利银一两一钱七分四厘，本利共合九两之数，另将原本十五两，除还原本七两八钱二分六厘，余者仍存数也。

五、淄博地方票的产生、发行与发展

在世界货币发展史上，中国是最早使用纸币的国家。我国北宋时期的“交子”，是世界上发行最早的纸币。北宋初年，在四川地区只准流通铁铸钱，而铁钱的重量比铜钱更重。不但当时商人感到不便，就是官员和居民也都感到不便，这就促使人们想用一种重量较轻、携带方便的货币来代替当时的铁钱、铜钱。《续资治通鉴》说："（宋）初，蜀民以铁钱重，私为券，谓之交子。"到了宋仁宗天圣元年（1023 年），官府最终设置了"益州交子务"。从这时起，"交子"便成了法定货币，在市场上与铁钱同时流通使用。北宋时期发行的这种"交子"一直延续使用到南宋。从以上内容可以看出"交子"最早是以地方票的形式出现的，堪称地方票鼻祖。

南宋高宗赵构后期，京城临安富商印制"便钱会子"在市场上流通，后来，这种"会子"改由官府发行。南宋时期淄博地区为金朝所辖，金天会八年（1130 年）七月，金太宗册封宋朝降臣刘豫为皇帝，九月，刘豫即皇帝位，国号大齐，定都北京大名府，史称伪齐。伪齐与金朝划黄河故道为界，南与南宋相邻，疆域横跨今山东、河南、陕西等省份。金朝政府采用了"汉人制汉"的政策，此时淄博地区虽是金朝占领区，实为汉人控制区，故金融政策仍与南宋相同。淄川出土的金代"淄州交会"铜钞版，由大王便民局印制发行，是为了防止丝绢破剪成匹而用于找零用的零绢会子，这应与南宋临安所行用的"便民会子"相类，是目前发现的淄博最早有关地方票的实物资料。

淄博民间私票发行始于 1880 年周村的大德通、大德恒汇兑庄，以后发行者有商会、钱庄、工商行号等。种类有银元票、铜元票、钱票、临时兑换券等。票面货币单位分为元、角、吊、枚、文。同时，博山恒顺成、益盛公、元盛公、裕成恒、三竹堂等钱庄发行"吊票子"，票面分一吊文、二吊文、三吊文、五吊文和十吊文等 5 种，每吊为制钱一百文。清末到民国十年，周村商业银行曾发行银元票；博山复诚信、同聚祥、镒恒、汇通、恒丰、义兴隆、义合生、会金等钱庄发行铜元票，票面印有凭票即付尫铜元贰仟文，或凭票即付尫铜元壹吊文。所谓尫，即壹吊票子兑换铜元 49 枚（当十小铜元），少付一枚铜元叫"底子钱"，市面交易中够"六百钱"即 30 枚铜元可以少付一枚，叫作"使底子"。这个时期钱庄发行钱票由商会统一管理，规定发行者要具备两家铺保，发行量不得超过资本的半数，经向商会申请，钱票上印有"商会备案、承保盖章"八个字，始得发行。后来发行钱票的钱庄逐渐增多，1925 年后，周村、博山各有 20 余家钱庄发行角票、钱票。同时出现了各行各业滥发纸币的混乱局面。1926 年，山东银行下令整理铜元票，并颁布"稽核铜元票章程"。1929 年 1 月 3 日，国民政府财政部函令各省取缔地方银行、钱庄、商号私发纸币，市场货币紊乱状况稍有改变。1933 年，山东民生银行、山东平市官钱局发行角票，取代"私票"在市面流通，加之省当局严厉取缔"私票"，当地钱庄及工商业者发的钱票逐渐收回。1937 年 12 月日军侵占博山，曾有当地"维持会"发行流通券以应市面，但时间不长即被"取银券"所代替。

六、淄博地区地方军政府和抗日边区政府钞票

周村是山东的重要商业中心和交通要道，1916 年，为了支援讨伐袁世凯的革命军，淄博地区地方军政府以周村商业银行名义发行纸币。有"山东护国军军用手票"小额券三种：壹角、贰角、伍角。另外还发行周村商业银行壹圆、伍圆、拾圆三种券，印刷精美，纸币上印有山东或济南地名，该银行券英文名称为 Commercial Bank，没有周村英文名称。而"山东护国军用手票"小额券上的号码看起来像用手临时盖的，既不整齐，又有印错和叠印的情况，券面上"國"字改写

为“圆”（这是当时以民为国家之主的写法）。印刷亦简陋不堪，既没有官章，又没有军用票条例布告以及收兑的时限，背面的图案像日本的军用手票格式。国父看见如此简陋的军票，立即电知地方政府停止使用。电文如下：“前印刷票不精，恐滋弊，决不用。济南得后，百万现款必能借到。孙文。”地方政府接到此电后，就不再使用，而以周村券代替流通。因该军用手票流通时间极其短暂，故流出市面为数极少，尤为珍贵。另外，它还是各省护国军用的军票中唯一以“护国军”为名的军钞。

我抗日边区政府在淄博地区印制发行的钞票有长山金融流通券和益寿临广流通辅币两种。长山金融流通券是长山县民众动员委员会于1940年春为救春荒而发行的，共有壹角、贰角、叁角、伍角四种，首批2万元。后又发行两批，数额均不大，均由北海银行负责收回，至今未见实物。益寿临广流通辅币是1939年下半年由益都、寿光、临淄、广饶四边县政府筹划印行的，共有伍分、壹角、贰角、伍角四种，首批包给私人印刷所印制10万元。1940年6月北海银行清河分行成立后，将其机器、工人接收，扩建成为清河分行印钞厂，又继续印行50万元。1943年2月清河分行发出通告，决定将该券一律收回。临淄北海银行地下印刷所就曾印制过此券。

七、与之相关的银行业

由于地方政权、商会、商号、钱庄等都与各级国家银行、地方银行、商业银行、外国银行等有着千丝万缕的联系，故在此也将当时淄博地区的银行业简单加以介绍。

淄博的银行机构，最早出现在周村，博山次之，张店较晚。1913年，官商合办的山东银行在周村设立分号。翌年5月，官商合办的中国银行在周村也设立分号（相当于办事处一级）。同年，地方商界投资兴办周村商业银行。1916年5月，“护国军”吴大洲部占据周村后，对工商业抢掠勒索，仅中国、山东、周村商业3家银行即被掠现金15万余元，中国银行周村分号被迫停业，1918年正式撤离。后因受地方时局不稳的影响，周村商业银行于1919年歇业，山东银行周村分号于1926年停业。此后六七年内，淄博无银行机构。1932年，中国银行又在博山设立办事处。1933年，山东民生银行在周村设立办事处，山东平市官钱局在博山设分局。1934年，交通银行在张店设临时办事处，中国银行在张店、周村设立寄庄和办事处。此时，中国银行周村办事处附设储蓄支部，代理中国保险公司和中央储蓄会等业务，并领导张店寄庄。1937年，日军侵占淄博后，中国、交通银行在淄博的办事机构撤至青岛，并入其管辖行。其他地方官办的行、局被日伪政权强行接收。

日伪时期，日本人办的济南银行及其控制的朝鲜银行曾在张店、博山设有3处办事机构，专办日营公司、洋行的业务。山东省伪政权办的鲁兴银行于1940年在博山、周村设立办事处，1943年又在张店设立办事处。鲁兴银行性质为官商合办，于1939年建立，有资本金300万元联银券，其中75万元在济南、烟台等13个市县募集，由当地伪商会会长主办招股。博山由伪商会会长李养之发起，入股者37户，股金万元；周村由伪商会会长李华峰出面，入股者50户，股金2.5万元。1945年日本投降后，日营济南银行和朝鲜银行在淄博的办事机构由山东省银行接收。

抗日战争胜利后，中国银行在博山、张店和周村的办事机构分别于1946年11月和1947年

1 月复业。1947 年春，周村、张店、博山解放时 3 处人员逃往济南。交通银行于 1947 年 1 月在张店复设办事处，2 月张店解放时撤走。国民山东省政府财政厅拨款 4000 万元（法币）新建的山东省银行，从 1946 年下半年起相继在张店、周村、博山设立办事处。1947 年 2 月，张店解放时，该处的人员及账款撤回济南。1948 年 3 月，淄博全境解放，之前周村办事处将库存现金 3.5 亿元（法币）交给国民党驻军，其余少量库存现金、账册和财产被中国人民解放军接收；博山办事处的人员于 3 月 12 日携带现金、账册逃走。

从 1913 年到 1948 年的 35 年时间内，中国银行、交通银行等 10 家银行在淄博共设立过 22 处银行办事机构。（见附录五）

（陈旭）

"淄州交会"铜钞版的发现与研究

一、"淄州交会"铜钞版的发现及钞版内容

2005 年 7 月 18 日，山东省淄博市淄川区中街在挖下水管道时，出土一块半会子青铜钞版，竖长方形版面，表面呈红绿锈。其中较大的一块中间断裂，为人为截断，范长 22 厘米，宽 9.7 厘米，厚 1.3 厘米，重 2111.6 克，上方铸依次有四行横阳文："大王便民局 / 淄州交会 / 料号 / 绢壹尺。"下方方框内铸五行竖阳文："本所发造零绢尺寸会子通行流转 / 不致街市破剪成匹绢帛官民两便 / 从宜充□伪造者依此被断罪 / 官交银壹佰两为告人充赏 / 庚戌年二月　日所官。"文字四周以花卉纹饰作围栏。（参见 275 页）较小的一块仅存下半块，也为人为截断，残长 11 厘米，宽 7 厘米，厚 1.3 厘米，残重 777.9 克，所存文字为："发造零绢尺寸会子从便兑 / 付民用伪造者依 / 此被断罪官交银壹佰两为告 / 人充赏 / 庚戌年二月　日所官。"周边以回字纹作围栏。（参见 276 页）从钞版尺寸和赏银数量与绢壹尺的会子钞版对比来看，应是绢伍寸的会子版，两枚同属一套。钞版上的"大王"即"大王庄"，今在淄川城东北罗村镇。这两块交会铜版到底造于何时，是何性质，有何用途？这就要从其本身的形制、文字内容以及淄州建制及政治经济背景，并结合文献资料来加以研究。

二、"会子"的产生、发展与消亡

"会子"的名称产生于北宋，是一种取钱物的凭证。见于记载的有会子、钱会子、铅锡会子、寄附钱物会子等。《续资治通鉴长编》卷二七二李焘注引吕惠卿《日录》曰："自可依西川法，令民间自纳钱请交子，即是会子。自家有钱，便得会子。动无钱，谁肯将钱来取会子？"事在神宗熙宁八年（1075 年）。由此可知会子即纳钱和取钱的凭证。钱会子和会子的意思一样。铅锡会子是出卖铅锡给政府后所得的取钱凭证。

寄附钱物会子可能同寄附铺有关，寄附铺对所寄存的钱物开出凭证称"寄附钱物会子"。《宋会要・刑法》中说：徽宗政和三年（1113 年），因"诸色人多将京城内私下寄附钱物会子之类出城及于外处行使，有害钞法（盐钞法）"，下诏禁止。寄附钱物会子能出城行使，则具有汇票的性质。绍兴末年，知徽州洪适在《户部乞免发见钱札子》中讲到的会子又是一种民间的纸币。

临安（杭州）在南宋初年即有民间发行的"寄付兑便钱会子"，"寄付"当即寄附，"兑便钱"即便钱，意为汇兑。绍兴三十年（1160 年）二月，钱端礼知临安府，将原由富户主持的便

钱会子收为官营，"许于城内外与铜钱并行"。七月，钱端礼为户部侍郎，会子亦由户部接办，于次年二月设立行在会子务进行管理。行在会子务后来改名为"行在会子库"。

《宋会要辑稿·食货》载，绍兴二十八年（1158年）七月八日，右正言朱倬言："访闻诸邑多有违法。凡民户入纳，第令柜头给会子用领，未肯给钞。"此所谓"柜头"，盖即柜坊为首之人。他们所给的会子，应当就是当时已经在行用的"便钱会子"，即可以兑换铜钱的文券。李心传《建炎以来朝野杂记》甲集卷十六"东南会子"条说："当时临安之民，复私置便钱会子，豪右主之。钱处和（端礼）为临安守，始夺其利以归于官。既而处和迁户部侍郎，乃于户部为之。三十一年春，遂置行在会子务（二月丙辰），后隶都茶场，悉视川钱引法，行之东南诸路，凡上供、军需，并同见钱，仍赐左帑钱十万缗为本。"

《建炎以来系年要录》卷一百八十七绍兴三十年十二月乙巳条说："初，命临安府印造会子，许于城内外与铜钱并行。至是，权户部侍郎兼知府事钱端礼乞令左藏库应支见钱，并以会子分数品搭应副。从之。东南用会子自此始。"《宋史·钱端礼传》说："端礼尝建明用楮为币。于是专委经画，分为六务，出纳皆有法，几月易钱数百万。"由以上所录可见，归官之前的会子叫作"便钱会子"，是市场自发产生的。"便钱"即汇兑。"便钱会子"当是汇票、支票之类的票据。在绍兴二十年前后（即12世纪四五十年代），它才发展成兼有流通手段职能的铜钱兑换券。

至淳祐七年（1247年），会子的恶性膨胀已很严重。至此，会子的货币职能自难保持。

南宋时期通行的"会子"印样，名为"行在会子库"。"行在会子库"中的"行在"，指的是当时的首都临安，即今之杭州；会子库即原会子务，是主管会子的机构。该版现藏中国国家博物馆，为铜质版材，竖长方形版面，长17.4厘米，宽11.8厘米。版面正中横书"行在会子库"五个大字。上部左边刻"大壹贯文省"，右边刻"第壹佰拾料"，中间方框内刻有"敕伪造会子犯人处斩，赏钱壹阡贯。如不愿支赏，与补进义校尉。若徒中及窝藏之家能自告首，特与免罪，亦支上件赏钱，或愿补前项名目者听"五十六个字。印版下方为山泉花纹图案。

三、淄州建制

淄州即今山东省淄博市淄川区，该地西汉设般阳县，历代设路、州、县不等，是淄博重要的古代商业文化中心地区。通过对淄州建制的了解，对"淄州交会"的年代考证会起到帮助作用。

隋开皇十六年（596年），置淄州，十八年（598年）改贝丘县为淄川县。大业初撤淄州，淄川县属齐郡。

唐武德元年（618年），置淄州，淄川、长白、莱芜三县属之。武德六年（623年），废长白、莱芜二县。武德八年（625年），废邹州，所辖之长山、高苑、蒲台三县为淄州所属。天宝元年（742年）改淄州为淄川郡，乾元元年（758年）复为淄州，辖淄川、长山、高苑、邹平四县，属河南道。

宋时，置淄州淄川郡，属京东东路，辖淄川、长山、高苑、邹平四县。金时，淄州属山东东路。

元初，淄州属济南路。至元元年（1264年）升淄州。至明初，仍为淄州，明初设般阳府。

四、“淄州交会”年代考

从“会子”的产生、发展和消亡的时间以及淄州建制的时间段来看，“淄州交会”铜钞版的铸造年代应在宋、金时代。再从铸造工艺、文字内容、铜质锈色等方面来看，都具有明显的宋金风格。排版方式也与南宋会子极其相似，“行在会子库”与“大王便民局”称谓皆是地方名加管理机构。“淄州交会”为宋、金何时所造？票版上没有年号，只有“庚戌年二月”几个字，这就给我们留下了是哪一个庚戌年的疑问，从文献记载再结合以上推断来看，最有可能的庚戌年有三个，第一个为北宋熙宁三年（1070 年），第二个为建炎四年（1130 年），第三个为金章宗明昌元年（1190 年）。会子名称产生于北宋，最早有“会子”的记载是宋神宗熙宁八年（1075 年），而第一个庚戌年要比 1075 年还要早五年，故这时出现会子的可能性较小，加之零绢尺寸会子看上去是一种使用已比较成熟的会子，故不太可能出现在此时。金章宗明昌元年（1190 年）时，南宋虽然还行用会子，而此时淄州已完全为金人控制，且在金海陵王贞元二年（1154 年）迁都之后，户部尚书蔡松年复钞引之法，始置交钞库，发行纸币交钞，与钱并用。1190 年时在金史中亦无“交会”或“会子”之称，故也可排除。只有建炎四年（1130 年）最为符合。首先南宋初年已有民间发行“寄付兑便钱会子”，与“大王便民局”、“零绢会子”称呼、用途都有相似之处。其次，北宋末年，金军南下攻占汴京，占领了北方大片土地，为了缓和金人与汉人之间的矛盾，达到以汉治汉，用汉人攻打南宋的目的，天会八年（1130 年）七月，金太宗册封刘豫为皇帝，九月，刘豫即皇帝位，国号大齐，定都北京大名府，史称伪齐，亦称刘齐。伪齐与金朝划黄河故道为界，南与南宋相邻，疆域横跨今山东、河南、陕西等省份。不久，迁都东平。十一月，刘豫废天会年号，改用阜昌年号，并以天会八年为阜昌元年。两年后，迁都汴京。天会十五年（1137 年）十一月，金熙宗废除大齐国。在这段时间淄州经济政策还是与南宋一致的，也就是在这关键的庚戌年（1130 年）七月金太宗立刘豫为皇帝，而钞版制造时间为庚戌年（1130 年）二月，这时淄州已被金人占领，故不能用南宋年号，而此时淄州又为宋朝降臣刘豫统治，他还未称帝，也没年号，正处在年号真空期，这就是钞版上只有庚戌二月，而无年号的真正原因，“庚戌”二字前空两格，是以备有年号后在纸币上加盖即可，因此淄州交会铜钞版应是 1130 年所造。

五、“淄州交会”的用途

齐地自古多出丝麻，春秋时已成为“冠带衣履天下”的纺织中心。《管子・轻重乙》记载：“夫岁有四秋，而分有四时。故曰：农事且作，请以什伍夫赋耜铁，此之谓春之秋。大夏且至，丝纩之所作，此之谓夏之秋。而大秋成，五谷之所会，此之谓秋之秋。大冬营室中，女事纺绩缉缕之所作也，此之谓冬之秋。”一年之中，有两个纺织时节，一是大夏将至，是织丝绸和加工丝絮的时节；二是隆冬农闲时，是妇女纺织的时节。《汉书・食货志》有一段记述家庭妇女在冬天相聚而纺织的场面。“冬，民既入，妇人同巷，相从夜绩，女工一月得四十五日。必相从者，所以省费燎火，同巧拙而合习俗也。”可以想见每到纺织季节齐国妇女夜以继日辛勤纺织的场面。“齐都世刺绣，恒女无不能”，正是其写照。至近代与淄川相邻的周村仍是“桑植满田园、户户皆养蚕，处处闻机声，家家织绸缎”，已形成丝织工商业中心的雏形，成为中国北方最大的丝绸集散地，著名的丝绸老字号"瑞蚨祥"便产生于此，新中国第一面五星红旗即由其制作，"丝绸之乡"的美誉闻名遐迩。

既然淄州之地历代为丝绸之乡，"淄州交会"铜钞版上的铭文又为"零绢尺寸会子"，所印会子的面额分别是"绢壹尺"和"绢伍寸"，其用途为"通行流转，不致街市破剪成匹绢帛，官民两便从宜"的内容来看，那么自然就与当地丝帛流通密不可分，匹指整卷的绸或布，有五十尺和一百尺不等。由此可以推断，它是绢帛在官方或民间流通过程中，为防止将整匹的绢帛破剪零散造成浪费而印制的找零凭证。比如说，假设当时一整匹绢帛长度为五十尺，丝织户每年要上缴一定的绢帛来完税，而税收额度又不可能是整匹的，如果是上缴四十七尺五寸的话，那么他就可以上缴一整匹五十尺，便民局则可以找给他两张面额绢一尺和一张面额绢伍寸的零绢会子，这样即保证了绢帛的完整性，织户又可拿着零绢会子在街市上流转使用，或也可以兑换成货币，或也可以在织户之间通行，或也可以再当税上缴，使用起来极其灵活方便，其特殊性、实用性、灵活性、方便性、简约性和科学性得到了充分的体现。

六、"淄州交会"的性质

"淄州交会"是官方造还是民间造呢？首先从文字内容上看，"伪造者依此被断罪官交银壹百两为告人充赏　庚戌年二月　日所官"，是以法令形式出现，带有明显的官方口气。其次两块铜钞版人为截断，应是官府销毁所致。"大王"即现在大王庄，地处淄川城东北罗村镇。"便民局"则应是官府下设的与民间交易的官方机构。再者钞版出土地点在淄州城里而非大王庄，则更说明会子印刷权是掌握在淄州官府手中。加之钞版第一句话为"本所发造零绢尺寸会子"，故"淄州交会"应是在淄州地方官府的委派、监督下由大王便民局发行的，属官造而非民造。

七、结语

"淄州交会"应是由金代地方官府发行，为防止整匹绢帛在流通交易过程中被破剪零散而印制的零绢兑换凭证，是在特定环境下产生的特殊货币，对绢帛能够完整、顺利地交易流通起到了至关重要的作用，体现了古代人民的智慧。"零绢会子"史所不载，这是国内首次发现的以绢帛为基础的会子，是继便钱会子、铅锡会子、湖会、川会后的又一新发现，是淄博地区发现最早的关于地方票的实物资料，填补了中国货币史的空白，对研究宋金货币史和中国丝绸史都具有极重要的意义。

（陈旭）

淄川地方私票

一、地理位置与历史沿革

淄川区位于淄博市中部，东接青州市，西临章丘市、邹平县，南依博山区、沂源县，北靠张店区、周村区、临淄区。

淄川，地处鲁中，历史上是山东省的名县望邑。宋时置淄州淄川郡，郡属京东东路。元设般阳路，治所在淄川城。明初设般阳府，洪武九年（1376年）升淄川县为淄川州，洪武十年（1377年）又改为淄川县，属济南府。淄川清沿明制。辛亥革命后，废府设道，淄川县属济南道。民国十七年（1928年）撤道，民国二十年（1931年）县辖十路改为九区。1948年3月，淄川县全境解放，辖十一个区。清代的淄川县是济南府的十六个属县之一（包括一个散州），其疆域三面环山，形似簸箕，北与长山县、新城县接壤，西与章丘县为邻，东和南分别与青州府之益都县、博山县交界。旧淄川县西北王村镇、彭阳乡、萌水镇一带，今划归周村区管辖，临池镇一带则划归滨州市邹平县管辖；淄川县东北傅家镇、沣水镇、南定镇一带，今划归张店区管辖；淄川县西南焦庄镇、白塔镇、域城镇、石门乡一带，今划归博山区管辖。以上皆地域之损者。今淄川区东南黑旺镇一带，原归益都县管辖；而太河乡、口头乡、峨庄乡一带，原归博山县管辖，今则割归淄川区管辖。黑旺镇驻地蓼坞、太河乡驻地东下册、口头乡驻地大口头，今口头乡升格为镇，并更名为淄河镇。峨庄乡驻地峨庄，可在旧《益都县志》、《博山县志》中找到这些名字。以上皆地域之益者。

二、金融、工商业概貌

清光绪初年，淄川民间始出现银钱业，到民国十年（1921年），淄川境内有较大影响的钱庄共有11家（淄城6家，昆仑5家）。民国二十二年（1933年），国民政府颁布财政新法，废“两”改“元”，银钱业受影响。民国二十四年（1935年），国民政府推行法币政策，禁止银元流通，白银收归国有，银钱业日渐萧条。

清末周村设有大清银行，行国家银行职能。淄川境内流通的银两、银圆兑换券皆由大清银行管理。辛亥革命后，北洋军阀政府改大清银行为中国银行。民国时期，山东省政府为弥补财力不足，成立山东银行、民生银行、平市官钱局，淄川所流通的货币皆受上述机构辖制。1947年春，建立北海银行鲁中南分行莱芜办事处淄川贷款组。淄川解放，“贷款组”进入淄川县城，从各部门中抽调人员充实，改称北海银行鲁中南分行淄川办事处。

自戊戌变法以后，思想禁锢被打破，民主主义思潮席卷全国，民族资本的力量开始发展壮大。特别是民国初期，淄川地区的经济得到了空前的发展。有资料显示，当时淄川各类工商业户，包括煤炭业、陶瓷业和各类商业等已达四百余家，成为胶济铁路沿线地区重要的商埠之一。由于时局多变，军阀混战，政局不稳，官方以银为本位发行的钱票急剧贬值。加之当时官票的辅币不足，找零十分困难。又因淄川地处丘陵，交通不便，以物易物的实物交易形式反而增加了交易成本。在这种环境下，在全国发行印制私票的浪潮中，淄川各钱庄、商号、厂矿根据各自实力，各显神通，乘机大印私票。根据一些老人回忆，淄川有几百家商号都出过钱票子。

三、淄川地方私票的发行情况

地方私票，即非政府发行的钱票，是指不经政府批准，由钱庄、商号、店铺、作坊、厂矿凭借自身的承兑信用发行，仅能在一定范围内流通的纸币。在淄川，民间称私票为“地翅子”。应该说，私票在当时的经济活动中发挥过积极作用，在一定程度上方便了交易，促进了社会经济的发展，但同时也带来了货币市场的混乱。由于发行私票没有定额，而且无充足准备金做担保，在一些实力不足和经营不善的商号厂矿中，其币值得不到保障，有些商号倒闭了，私票却不能足额回兑，使持有人在经济上蒙受很大损失。

后来，当时的淄川商会对发行私票进行了一些限制，规定商号发行私票，要具备一定条件并经商会批准，要在私票上面盖有商会的专门印章后方可进入流通。盖章要收取一定的费用。但终因滥用批准权力和收费过高而使这一措施流于形式。

1935 年，民国政府实行法币政策，放弃银本位。明令禁行私票，并令已发行私票的商号限期回收兑付，淄川私票发行开始得到控制。1937 年，日寇进犯，淄川经济遭到严重破坏，商号、厂矿纷纷倒闭，私票随之消失。

民国时期淄川发行的私票虽多，但商号回收后最终都要销毁，留存下来的很少。新中国成立后，在历次政治运动中，人们为了避免惹麻烦，残存的私票更被付之一炬，留存至今的已是凤毛麟角。

淄川私票，印制考究，精美漂亮，票面设计极富时代气息，每张私票除用大字印制面值外，还印有发行商号的名称、地址、编号和发行年月等。为了防止有人造假作伪，私票上大都印有秘密暗记及“灯下不付”字样。其中最具代表性的有以下几种私票：

圈子庄“义升恒”私票

用韩愈《送李愿归盘谷序》作周圈底纹，文字极小，不仅增强了防伪功能，而且增加了不少文化韵味。在外圈装饰了十幅人物画面，似是古代文学书中描写的不同故事情节。票面内容上面是“淄川城东南圈子庄”、“义升恒”字样，中间是“凭票回付昆仑市票叁吊文”。并有“灯下不付”、“认票不认人”两行小字。民国二十年（1931 年）六月六日发行。

佛村“天和泰”私票

票面中间印有北京天坛图案，票值壹圆。并有淄川城东佛村“天和泰”字样，民国十九年（1930 年）发行。背面印有古代建筑图案，上方印有“通用国币”，下面印有“淄川佛村”。左右两行小字“灯下不付”、“改票作废”。

洪山“三合恒”私票

票面以民宅建筑和花纹图案为装饰。面值五百文。左右印有“淄川大荒地”和“永增街路南”的商号详细地址。上面三个大字“三合恒”。民国十九年（1930年）印行。背面上方为拼音字母，中间印有说明文：“此辅券纯以流通市面找零之用，足十百兑换城关票壹吊，零百不兑。”

淄川西关“德顺昌”私票

票面周围为花卉图案，中间纯色地，并有白文“德顺昌记”。面值贰吊文。上面印大字“淄川西关”、“德顺昌”，中间是“凭票回付市票贰吊文”。并有小字“灯下不付”、“钱随市面”字样，并盖有两枚齐缝印章，一枚圆形“淄川西关德顺昌”，一枚方形“德顺昌记”。背面全部以大写贰字为图案，并盖有圆印章一枚。

淄川银钱号一览表

庄　号	地　址	开设年份	资　本
义升东	县　城		30000元
永聚昌	县　城		15000元
谦　济	县　城	1928	15000元
义　祥	县　城	1928	20000元
万和祥	县　城	1928	15000元
永顺昌	县　城	1928	15000元
聚和恒	大昆仑	1928	20000元
鸿源涌	大昆仑	1928	15000元
顺祥号	大昆仑	1928	8000元
鸿泉号	大昆仑	1928	6000元
信　记	大昆仑	1928	10000元

淄川商号一览表

商　号	店　主	开设年份	地　址
义厚永	汪寿庭	1927～1937	城里大街
义和栈	孙墨林	民初～1937	西关鱼市街
福成信	赵林生	1937～1945	西关鱼市街
同义隆	李修新	1940～1945	西关鱼市街
太兴永		1940～1945	西关鱼市街
瑞祥亨	焦念林	1930～	西关太平街
义兴永	刘　家	1930～	西关太平街
永　兴	祝敬忠	清末民初～	西关太平街
德升永	李德生	清末民初～	西关鱼市街

（续表）

商　号	店　主	开设年份	地　址
福园斋	李 × ×	1894 ~ 1956	城里大街路北
裕　丰	谢干臣	1924 ~ 1956	城里大街路南
聚园永	赵剑东	1926 ~ 1956	西关长兴街路北
汇园聚	王发龙	民初 ~ 1949	西关长兴街路南
同　聚	王汉三	1949 ~ 1956	西关长兴街路南
新　生	罗约三	~ 1956	城里东华门东首
	朱家训	1952 ~ 1956	西关长兴街
源合久	孙凌云	1949 ~ 1956	西关长兴街路南
	刘云青	1948 ~ 1956	城里大街西首
	吕会东	1948 ~ 1956	城里大街路北
顺和堂	蔺宗源	1872 ~ 1956	西关长兴街路北
三和堂	蔺宗泗		西关长兴街路南
裕兴永	蔺守全	1946 ~ 1956	西关太平街，后迁城里大街路北
成文斋	徐笑峰	1936 ~ 1956	西关关口
益成恒	赵少九	清末民初 ~ 1937	西关复兴街
谦　济	刘子丰	1926 ~ 1937	西关复兴街
恒兴东	于立忠	1928 ~ 1937	城里大街西首
洪　昌	纪长红	1929 ~ 1937	西关太平街
信昌福	姬兆洪		西关复兴街
得生和	张子恒	1930 ~ 1937	西关太平街
同聚兴	高圣泽	1932 ~ 1937	西关太平街
长盛车行	高春洲	1928 ~ 1937	西关太平街
万乘车行	高春田	1928 ~ 1937	西关太平街
公顺车行	赵林珠	1937 ~ 解放后	西关关口
	张学礼	1947 ~ 1956	西关太平街
	胡云吉	1947 ~ 1956	西关太平街
	祝敏生	1947 ~ 1956	西关太平街
	张兴海	1947 ~ 1956	西关太平街
	关洪奎	1948 ~ 1956	西　关
	邢继学	1947 ~ 1956	西关复兴街
	孙业丰	1948 ~ 1961	西关鱼市街
	赵忠立	1948 ~ 1961	西关复兴街

（续表）

商　号	店　主	开设年份	地　址
	牛吉祥	1952～1956	西关复兴街
	张光玉	1951～1956	西关鱼市街
三兴和	李继汉	清末～1938	公　义
协聚兴	孙兆祥	清末～解放初	公　义
谦益城	魏文清	清末～解放初	公　义
德盛栈	孙即孟	清末～1960	西关太平街
周家店	周克河	民国初～1956	公　义
王家店	王宗常	1945～1955	公　义
牛家店	牛玉东	民国初～1955	公　义
太和店	高太和	民国初～1955	公　义
谭家店	谭玉贵	民国初～1955	西关鱼市街
梅家店	梅建文	清末～1956	西关鱼市街
增源店	张洪增	1948～1956	西关鱼市街
天承馆	王恩贵	清末～1956	西关复兴街
陈家店	陈绪平	清末～1955	西关复兴街
杨家店	杨春田	？～解放初	西关太平街
孙家店	孙庆连	明天启元年～1960	
牛家店	牛传训	解放前后	西关长兴街
李家店	李德成	民国初～1956	西　关
朱家店	朱佩发	清末～1956	西关太平街

（陈旭　魏传来）

博山地方发行和流通的货币

一、地理位置及历史沿革

博山区，位于淄博市南端、鲁中腹部，南与沂源为邻，西、西南接莱芜，西北与章丘接壤，北、东北与淄川毗连。东西宽 20 公里，南北长 49.4 公里，总面积 682 平方公里。

博山属地虽然历史悠久，但是直到清雍正十二年（1734 年），其属地始建县制，取名博山，至清末均属青州府辖。民国初年，废府制，改济南道，后道制废，归山东省政府管辖。1939 年，博山县抗日民主政府成立后，属泰安、莱芜、章丘、历城、淄川、博山、新泰七县边区联防办事处管辖。1940 年，属泰山专区。1942 年，博山县与莱东县合署办公，称博莱合署，不久改称博莱县。归属未变。1944 年，恢复博山县，属鲁山行署领导（1937 年 12 月 ~ 1945 年 8 月，日伪政权——博山县政府驻博山城里，城区及附近乡村为日伪控制）。1945 年 8 月 23 日，博山全境解放。9 月将博山县分为博山县和博山市，博山县政府移驻郭庄；博山市政府驻博山城里，归淄博特区领导。1946 年 4 月，撤销博山市，并入博山县，县政府移驻城里，归淄博特区领导。1948 年 3 月 12 日，最后一次解放博山城，9 月，分博山为博山县和博城、黑山、原山三个直辖区，同归“淄博专署”领导。1946 年 1 月至 1948 年 3 月，有时国民党地方政府驻博山城里，控制城区及附近几个乡。1949 年 10 月，撤销博城、黑山、原山三个直辖区，改为博山市，归淄博工矿特区管辖。1950 年 5 月，将博山市并入博山县，县政府由源泉迁入博城，归淄博专署领导。1951 年 5 月，市、县分开，成立淄博市，驻博山城里，保留博山县，县府迁往源泉。1955 年 3 月，撤销淄博工矿特区，建立淄博市，原淄博市改为博山区、黑山区，归淄博市领导。此后，博山区划虽有数次调整，但建置和隶属仍未变。

二、工商贸易概况

博山的私营工业和个体手工业清代已具规模，山头、福山、五龙多经营陶瓷，城区多经营琉璃。康熙二年（1663 年），八陡、石马均有铸锅工业。多系个体小本分散经营，季节性较强。清光绪三十年至三十三年（1904 ~ 1907 年），从事铁锅铸造的有石马、八陡 4 家作坊，制作铁锅、錾子、犁铧等产品。资金不足千元，工人几十人。1905 年，煤炭、陶瓷、琉璃等工业有所发展。1918 年，机器制造工业开始创建。1935 年前后，工厂工业有陶瓷、玻璃、料炉、铁工等计 141 家。民国时期个体手工业有陶瓷、酿酒、榨油、料炉、制香末、制香、黑矾、石灰等 298 户。其他个体手工业还有钢、锡、铅、白铁、木器、油漆、棕藤、造纸、服装、鞋帽、皮毛、印刷、车行、首饰、条编、绳经等40多个行业，从业人员至抗日战争前夕有5582人。1937年12月，日本侵略军侵占博山后，工厂受到严重摧残，大部分歇业。1948年3月，博山解放后，共产党和人民政府对私营工业实行减税、免税、低息贷款、以原料作贷款及加工定货、包产包销等办法进行扶持，至1954年，先后恢复建立了私营工厂34个，于1956年并为同行业7个联营工厂。

博山的印刷工业已有60多年的历史。早在民国时期，博山有三元堂、新民书店、文聚祥、广成、利文等私营书店兼营石印。有些石印铺曾经印过钱庄票。1938年，日本侵略军侵占博山后，严禁印刷经营，印刷业基本停业。

清末，城区先后开业的私营商业有百货、纺织品、酒类、文具、茶叶、猪羊牛肉、饮食、浴池、旅店、洗染、照相、理发、水产、肴肉、酿造、糕点、当铺、五金等18个行业，商号90余户。1914年出版的《山东各县乡土调查录》中说，博山有银号10家，酒馆60家，杂货铺5家，药店4家，炭栈30余家，窑货摊40余家，其他如饭馆及零星售卖为数甚多。1914年第一次世界大战爆发后，帝国主义忙于战争，民族工商业得到发展。这时，经营琉璃的商号发展到30家，自产自销、自产兼营趸批和专做趸批贩卖的煤炭商有200余家。1932年经营陶瓷器的货栈达31家。1912～1936年间，新增糖果、油漆两个行业，新增商号120家。但在1840～1947年的一百多年间，博山的民族工商业因受帝国主义势力的倾轧、排挤一直发展缓慢。尤其在1937～1947年期间，日本帝国主义铁蹄蹂躏，伪军、汉奸横征暴敛，地方军阀摧残压榨，博山私营工商业中除少数投机者横发国难财外，绝大多数生意萧条。如煤炭业中有200多户依靠民营煤矿的炭店和几十户收堆者被日商挤垮而停业。在这十多年中，新开业的私营商店有99户，其中大多数是理发、鞋帽、小百货等，规模都较小。七七事变以前，博山有私营座商近千家，到1948年解放时只剩下537家。

民国年间，上述商号、铺号许多曾经发过钱票。

三、钱庄、典当业、金店、银楼和银行概况

（一）钱庄业。博山较具规模的银钱业始于清末。清光绪四年（1878年），朱玉文在西冶街创立“恒顺成”钱庄，资本制钱5万吊，为博山建立钱庄之始。至清末，钱庄发展到10家。按1914年出版的《山东各县乡土调查录》，博山有银号10家。当时，银钱业内部组织及外部经营程序均甚简单。主要任务为放款和兑换两项，放款对象以农村往来户居多。民国以后，博山煤炭、窑、炉业生产一度兴盛，市场繁荣，金融调剂业务日趋增加。到1926年前后，钱庄骤增达54家，业务活动为存、放、汇、兑四项，资本最低为银元2万元，最高达10万元之多，年约放款120万元。济南、青岛汇票通常每千元汇水0.50～3.50元。上海汇票通常每千元汇水4～8元。向银钱业存活期者多无息，定期者酌计息，一般为月息1分左右。放款利率约月息6厘～1分2厘。1937年，抗日战争爆发，工商业纷纷关门倒闭，银钱业多数亦相继停业或转业，只有博来、义丰两家较大银号勉强维持到日本投降。

博山银钱业一览表

名　称	经　理	开设地址	资本额	开业年份	停业年份
恒顺成钱庄	朱玉文	西冶街	50000 吊	1878 年	1933 年
义盛公钱庄	束心斋	朱家胡同	40000 吊	1879 年	1933 年
裕太公钱庄	李联斋	宋家胡同	40000 吊	1889 年	1916 年
庆太公钱庄	齐孟九	银子市	50000 吊	1889 年	1928 年
裕成恒钱号	王介之	香市街	50000 吊	1892 年	1918 年
三珠堂钱店	牛爱萱	宋家胡同	50000 吊	1894 年	1916 年
往聚昶钱庄		香市街	50000 吊	1894 年	1937 年
天祥银号	张立显	银子市	50000 吊	1902 年	1919 年
广庆和钱庄	齐可亭	银子市	60000 吊	1904 年	1922 年
三益恒钱店	董智卿	宋家胡同	50000 吊	1904 年	1922 年
源盛公钱店	王奉之	香市街	50000 吊	1906 年	1927 年
福成信钱庄	王瑞清	银子市	50000 吊	1913 年	1937 年
隆昌永银号	王冠一	银子市	50000 吊	1917 年	1919 年
茂裕银号	皮兆祥	银子市	50000 吊	1917 年	1919 年
会金银号	王近臣	西冶街	100000 吊	1913 年	1937 年
义和隆钱庄	李瑞浦	银子市	2000 两（银子）	1913 年	1932 年
太东银号	李捷之	宋家胡同	100000 元	1916 年	1934 年
协祥银号	陈云航	宋家胡同	50000 元	1916 年	1925 年
利亨银号	翟凤五	税务街	20000 元	1916 年	1934 年
汇通银号	史庆圃	税务街	30000 元	1916 年	1931 年
三益庆钱店	李爱萱	西冶街	30000 元	1916 年	1929 年
振兴钱庄	王克顺	银子市	40000 吊	1915 年	1923 年
隆茂永钱庄	张和浦	银子市	5000 吊	1916 年	1924 年
顺昌钱庄	冯雨田	香市街	40000 元	1916 年	1935 年
福顺和钱庄	刘玉亭	鱼市街	50000 吊	1916 年	1936 年
同兴钱庄	庄树一	陈家胡同	100000 元	1916 年	1936 年
义和恒钱庄	韩仙舫	银子市	20000 元	1916 年	1925 年
庆丰银号		宋家胡同	20000 元	1917 年	1934 年
裕兴德银号	孙海亭	税务街	20000 元	1917 年	1921 年
义兴隆银号	严清泉	宋家胡同	20000 元	1918 年	1932 年
聚兴祥银号	张孟卿	银子市	50000 元	1918 年	1927 年
瑞兴钱店	陈子良	窑货市	40000 吊	1919 年	1926 年

（续表）

名　称	经　理	开设地址	资本额	开业年份	停业年份
庆祥银号	贾玉田	宋家胡同	20000 元	1919 年	1933 年
义聚银号	朱 ××	西冶街	30000 元	1919 年	1933 年
普利钱庄	李在之	福门里	10000 元	1920 年	1932 年
义盛和钱庄	张云禹	鱼市街	50000 元	1918 年	1937 年
瑞银号		窑货市	40000 元	1921 年	1933 年
瑞兴银号	郑子宾	窑货市	40000 元	1921 年	1933 年
协盛茂钱庄	孙玉如	西冶街	10000 元	1921 年	1931 年
义聚公银号		银子市	20000 元	1921 年	1931 年
福隆德钱庄	曹士林	大街	50000 元	1921 年	1931 年
信昌银号	王聘清	宋家胡同	20000 元	1922 年	1929 年
隆裕银号	张竹溪	赵家后门	50000 元	1922 年	1931 年
大成钱庄	陈 ××	香市街	20000 元	1923 年	1933 年
同聚钱庄	张德臣	香市街	20000 元	1923 年	1931 年
东方银号	翁惟善	赵家后门	100000 元	1923 年	1933 年
同利钱庄	辛理斋	税务街	20000 元	1923 年	1932 年
信成银号	史淑铭	西冶街	60000 元	1923 年	1937 年
公记钱庄	张皆平	西关大街	80000 元	1923 年	1936 年
恒源银号	谢仙舫	宋家胡同	20000 元	1924 年	1937 年
恒丰银号	于干甫	银子市	50000 元	1924 年	1937 年
福丰祥银号	孙文卿	柳杭	50000 吊	1926 年	1931 年
博来银行	张焕宸	银子市	100000 吊	1927 年	1945 年
德兴银号	王于池	税务街	20000 元	1931 年	1942 年
义复昌银号	丁友善	赵家胡同	50000 元	1926 年	1934 年
义丰银号	李养之	银子市	80000 元		

（二）典当业。博山的典当业清末时有 7 户。其中志和成当铺创建于清道光十五年（1835 年），规模较大。其他则是“捎脚铺”、“代当局”，也叫“捎当局”、“转当处”。后者将所收之当物转往淄川、周村、王村等地的大当铺，从中收取佣金。典当财物月息高达 20%，遇上荒年一般都赎不回来。民间俗语云：“气死不告状，穷死莫当当。”1928 年，日本人吉村在博山火车站附近开设康记当铺，雇工 3 ~ 4 人，当物月息 8%。由于民间当铺月息太高，典当生意皆被日本人夺去，因此民间当铺逐渐停业，独康记当铺至 1945 年秋随着日本投降而垮台。

（三）金店、银楼。博山在清朝即有金银首饰的制造。光绪末年共有银首饰店 3 ~ 4 家，金店 1 家。金店专做包金饰品，如佛像、神像、古物、家具等。1921 年前后，此种生意逐渐停业。

民国初年，博山有6家银楼专做银首饰，在夏历三月二十四日和四月初八两个香火庙会上销售最多。1921年前后，博山银楼首饰业发展到11家。1937年“七七事变”后，营业十分萧条，大部停业。上述钱庄、银号、典当铺、金店、银楼等，多数都发行过钱庄票。

（四）银行。1932年7月22日，中国银行在博山设立了办事处，地址在宋家胡同，主任陈金生，归青岛分行管辖。1937年12月，日本侵略军侵占博山。该办事处遂于1938年撤离博山。抗战胜利后，于1946年11月29日复业，地址仍在宋家胡同原处，主任张光祖，归济南支行管辖。1947年2月23日随国民党军队逃离博山。平市官钱局博山分局于1933年设立，直属济南总局管辖，地址在新盛街，资本10万元，经理刘梦云，1937年撤销。山东省银行博山办事处于1948年元月9日正式开业。事前已有张店办事处派员来博山做筹建工作，地址在宋家胡同。该行开业两个多月，立足未稳，博山即解放，被北海银行接收。

四、博山钱庄票及流通的其他纸币

（一）钱庄票。博山银钱业肇始于清末，清末民初，博山市面流通过一种“私票”，发行者有商会、钱庄、银号、工商业号等。私票种类有银元票、铜元票、钱票、吊贴、临时兑换券等，票面货币单位有元、角、吊、枚、文。南京国民政府曾严厉取缔私票，当地钱庄发行的钱票逐渐收回。但目前尚未发现清末的钱庄票，即便民国时期的钱庄票品种也不多见。目前已经披露的钱庄票多为竖版铜圆吊票，约有11种，也发现少量的横版银元角票，约有两种，如民国十八年（1929年）协康永号一角等。未发现博山地方政权发行的纸币。

（二）境内其他流通纸币。1911年辛亥革命胜利后，“大清银行”被改组为“中国银行”。“中国”、“交通”两行为国家银行，所发行的兑换券曾在博山流通。1912年，山东银行发行银两票、银元票，曾流通于博山境内。1933年，山东民生银行和平市官钱局代为发行省库券300万元。据是年《胶济铁路沿线经济调查》载：流通博山县城市面的钞票有中国、交通、中央、中国实业各银行钞票及省库券约40万元，辅币角票为最多。1935年11月，南京国民政府实行币制改革，中央银行、中国银行、交通银行、中国农民银行所发行的钞票为法定货币（简称法币）。自此，博山地方所有完粮纳税及一切公私款项收付概以法币为限。1937年七七事变后，日伪设立伪“中国联合准备银行”，大量发行“联银券”，自半分至五千元共计45种，从1938年起在博山日伪占领区强迫流通使用。博山民间流传着“孔子拜天坛，五百当一元”的民谣，反映了人民群众对“联银券”急剧贬值的不满。抗日战争胜利后，国民党政府大量发行法币，并对“联银券”进行收换。“联银券”5元换法币1元，逾期未换者一律作废。1946年后，中央银行发行的“法币”与“关金券”在博山泛滥。到1948年3月，旧币完全废除，为北海币所代替（规定凡持法币者一律到人民银行按1∶50的比价兑换）。

（李银）

周村金融老字号及地方票

一、地理位置与历史沿革

山东省淄博市周村区位于淄博西部，东临张店区，南接淄川区，西南与章丘县接壤，西北与邹平县毗邻，东北与桓台县连界。东距市政府驻地张店20公里，西距山东省会济南82.5公里。

周村，春秋战国时为齐属地，西汉时，北部属於陵县，南部属般阳县（今淄川）。南北朝时，属广川郡武强县。南朝宋元嘉五年（428年）于南部置贝丘县，属清河郡。隋开皇十六年（596年）属淄川，十八年（598年）改武强县为长山县，改贝丘县为淄川县。现区境南部原属淄川县、北部属长山县，历经一千三百余载。1945年8月，周村第一次解放，置周村市建制，隶属渤海行署，后划归鲁中南行政区淄博特区。1950年3月，周村、长山合并为长山县；11月，由长山县析出，与张店合建张周市。1955年4月，周村区为淄博市辖区。1958年11月，由邹平县划入南阎、张坊2处公社；由淄川区划入孟家堰、苏孔2处公社。周村区辖5处公社（135个自然村）3个办事处。1970年8月，由淄川区划入萌水、彭阳、王村3处公社。周村区辖11处公社212个自然村。

二、工商、金融业概况

周村在明代已经发展成为一个“商贾辐辏”的贸易中心市镇。而其丝绸织造业尤成为名闻遐迩的行业，并以此带动了周村地区植桑养蚕业的繁荣和发展，逐步形成以丝绸业为龙头的经济特色。到清代中期，周村商业的发展已具有相当大的规模，号称“百货丛积，商旅四达”，有“天下之货聚焉”的美誉。当时，新泰、莱芜、蒙阴、沂水等地的蚕丝和博兴、高苑、利津、惠民等地的粮棉，大都运抵周村进行交易，成为鲁中地区“日进斗金”的“旱码头”，工商两业鼎盛时期，超过省城济南，“天下第一村”的美名也从此传扬开来。

现存有记载的民间金融机构是清代初期周村人开办的鸿昌福银号、山西祁县复盛公的大德通银号等。后来，陆续有山西祁县的大德恒银号，平遥县日升昌、新泰厚，祁县的三晋源，太谷的协成乾、大德玉、大德川银号等来周村设立分号，号称周村的山西八大银号。最多时达三四十家。主要分布在周村的丝市街、银子市、保安街、鱼店街等处，控制了当时周村的大部分金融业务。章丘、长山、周村的金融商号，只占很小的一部分。在周村的江南客商，尽管业务量不小，也是依靠以上各金融商号汇兑。

洋务运动以后，山东当地的商家逐渐崛起，他们也认识到金融投资的巨大利益。章丘的旧军孟氏，邹平、长山的商业经营者们，开始争夺金融市场的份额。如周村杨钦明的滋厚福、王氏燕翼堂的丰亨豫银号、周村张氏的益泰瑞银号、章丘李氏的三益泰银号、长山杨恩亭的恒义银号等。

1921 年，周村银号、钱庄规模较大的有 108 家，占全省 686 家的 15.7%，资本总额达 600 万两，超过全省的总数 547 万元。

1912 年，周村票号、银号、钱庄等共同成立福德会馆，地址在万顺街谦祥益布庄院内。1922 年成立钱业公所，后称公会，隶属于周村商会。

解放战争对周村商业的破坏最大，此后一蹶不振。1948 年，周村仅剩大德通、大德恒、恒泰昌、协兴泰、义聚东、聚义、公庄祥、利元、经纬、晋丰等十几家。解放后，所有金融业统被收归国有，私营金融机构消失。

三、金融老字号简介

（一）山西商人在周村开办的主要银号

复盛公

山西省祁县乔贵发于清乾隆初年创办，最初以经营茶叶、酒业为主。道光初年乔贵发之孙乔致庸在总堂投资四十八万两白银，开办大德兴、大德恒票号。由于商业发展的需要，它很快在全国建立分号。道光末年大德兴票号在周村设业务点，不久，正式设立分号，地址在周村保安街北首路西，光绪十年（1884 年）改称大德通。大德恒后也在周村丝市街开办分号。

光绪末年，周村以大德通为主的复盛公总经理叫张书翰，字默林，兼任山东分号副总经理。民国建立后，张书翰升任山东分号总经理。周村总经理为张炳南，字景翰，他曾经担任周村商会会董。20 世纪 30 年代初总经理为胡如章，后由孔云伍接替。孔云伍为人正直，后升任北京复盛公总堂经理。抗日战争爆发后，周村总经理为戴正卿（张书翰的女婿）。解放战争中，复盛公业务大部分迁至济南，戴正卿升任山东分号总经理。

大德通票号主要经营方针和管理理念是：

1. 周村的分号最初设立的时候，只做汇兑，半年后市面渐熟，再开展存贷业务。 2. 大德通放款以大商号为主，最高不得超过 3 万的数额，一般为 1 万左右。3. 逢镖（春夏秋冬四个镖期）过节利息上升，汇兑存放皆要审慎，不宜大额贪做。4. 不准囤积货物，不准垫贷官吏。5. 分号按月和年向总号报账，分号间按月互报，以利于银根抽活。6. 经营要谦和勤俭，实事求是。7. 适应时势，实行改革。8. 评定功过以一处获利而不损他处为原则。

大德通各分号的管理纪律：

1. 禁止亲友浮借和为客户担保。2. 上不准偏袒，下不准放肆。3. 不准奢侈浪费。4. 资东不准向本号推荐职工。5. 各分号不准私分厚道。6. 己身银钱汇兑要经本号。7. 不准向客户暂借拖欠。8. 换班归里（山西员工）必须先回总号。 9. 向家中捎物要经总号转寄。10. 内外员工不准给他号写信。11. 禁止吸食鸦片。12. 不准赌博游娼。

新中国成立后，1952 年国家金融改造，取消私营金融机构，大德通等收归国有。

日升昌

日升昌为山西平遥帮之首。明末清初以经营颜料起家，很快成为颜料业的大户。十七八世纪时，山西平遥的西裕成颜料铺和光誉远药店，都是周村市场上的常客。嘉庆年间，西裕成的经理雷履泰为资东李氏的颜料生意赚了大钱。道光初年，他说服资东投资 32 万两白银，设立日升昌票号。至道光十七年（1837 年），在周村、济南、北京、天津、重庆等设立分号。道光十八年（1838 年），日升昌出资开办日新中票号，当年在周村、济南、北京、张家口、三原、归化等处开设分号，存放、汇兑量为山西票号之最。日升昌接受新泰厚和协同庆等票号的教训，对员工的管理特别强调三点：1. 聘任员工必须任人唯贤。2. 注意培养人才，不断引进人才。3. 经理要大公无私，不能为亲友谋私利。

蔚字银号

为山西介休侯氏于道光初年在平遥城创办。侯氏为山西巨富之一，乾隆初年人称侯百万，原开有蔚泰厚绸布庄、蔚盛长绸缎庄、天成亨布庄、新泰厚绸布庄、蔚丰厚绸缎庄等，经营情况良好。日升昌的副总经理毛鸿翙因受排挤出走后，来到侯氏蔚字号被委以重任。他根据日升昌的经验，说服资东侯氏于 1827 年左右投资 800 万两将蔚泰厚绸布庄改为票号，后将介休的马氏等六家亦有投资的其他字号全部改为银号，成为五联号。毛鸿翙任总经理，在他的努力下，业务迅速得到拓展。天成亨由布庄改为票号后，即将周村的布庄也改成票号，同时新泰厚周村布庄也改票号。后来，资东侯奎将五联号全部在周村设分号，另外在北京、天津、济南、上海、汉口、开封、兰州等全国各地设分号达 23 处。至 1918 年，这些票号盈利 700 万两白银。同年，全部票号改为银号。

三晋源票号

三晋源票号资东山西祁县渠源浈，原籍上党长子县，明朝初年开始做土产生意。洪武二年（1369 年）迁居祁县，经营典当、布匹、杂货、茶叶，买卖十分兴旺，其中长裕川茶庄为晋商之最。清道光初年，渠源浈投资 30 万两开办三晋源票号，同治初达到极盛，分号遍及全国，在周村设立分号。

志成信票号

志成信票号是山西票号形成初期的老字号，由山西太谷沟子村富户创办。原来是创办于明末清初的以“发卖苏广丝绸杂货为主”的综合性杂货庄。后陆续开办养和轩药店、汇通远钱铺等。道光十五年（1835 年），看到经营票号获利大，风险小，就改为票号，并很快成为与日升昌争衡的大字号。它在经营丝绸时，就与周村有着密切的联系，后来把周村的字号都改成了票号。

至光绪初年，山西的银钱业分为平遥、祁县、太谷三大帮。以总号设在平遥的日升昌、日新中、蔚泰厚为代表的平遥帮，以总号设在祁县的复盛公为代表的祁县帮，以总号设在太谷的志成信、协成乾、大德川为代表的太谷帮，都在周村设立了银钱业基地，并且基本垄断了周村的金融市场。

附：山西银号在周村的基本情况表

银号	地址	资东	资本额	开办时间
天成亨	银子市	介休侯氏	10000 两	1826 年
大德通	保安街	祁县乔致庸	5000 两	道光末年
大德恒	丝市街	祁县乔致庸	5000 两	1862 年
日升昌	银子市	平遥雷履泰	7000 两	1837 年
日新中	银子市	平遥雷履泰	7000 两	1838 年
志成信	保安街	太谷孔氏	7000 两	1835 年
新泰厚	鱼店街	平遥侯奎	5000 两	1870 年
三晋源	保安街	祁县渠源浈	6000 两	1865 年
协成乾	银子市	太谷孔氏	5000 两	1870 年
大德玉	保安街	太谷常氏	4000 两	1872 年
大德川	保安街	太谷常氏	4000 两	1872 年
新合厚	保安街	平遥侯奎	5000 两	1875 年
元丰玖	银子市	祁县孙郅	10000 两	1861 年

（二）山东人在周村所经营的金融业

山东当地最早的金融老字号有案可查的是旧军孟氏的阜祥银号（后兼营当铺）和周村石氏福诚义及张氏所开的益泰瑞银号等。

福诚义银号

周村大姜乡石氏是清代官宦世家，清初石曰琮曾任福州知府等职。清中叶后，子弟开始投资商业，成为富豪大族，拥有大量田产和房产，在周村还开办有绸缎庄、丝织厂、布庄等，是周村城里有名的长山著名商号八大家之一。福诚义银号为石金庵开办于清朝道光末年，另有鸿昌福、鸿昌义、鸿昌元、鸿昌太、鸿昌兴、鸿昌玉等字号，号称八大鸿。其另一支，也在周村兴办各种实业，后来发展为东来瑞、玉来瑞、悦来瑞、福来瑞、东升瑞、聚来瑞等六大瑞字号。是周村最大的家族工商业集团之一。其后代石印清，20 世纪 40 年代曾任周村商会会长。

阜祥银号

旧军孟氏在周村开办的阜祥银号位于周村状元新街中段路北，前后五进院落。临街为楼房，是柜台。第一进院落有接待室、总账房、休息室、经理室等，后面主要是库房。建筑厚重结实，防火、防盗功能很强。它由章丘旧军镇的孟毓瀚创办于清朝乾隆年间，另有吉祥号、瑞生祥等银号。孟毓瀚去世后，孟氏弟兄四人分家，成为老三孟传瑗其恕堂的产业。阜祥银号和当铺都在同一个院内，资本在 10000 两左右。光绪年间，阜祥在高青、淄川、章丘、长山设立分号。民国以后，阜祥成为周村最大的当铺之一，与保安街南首的黄县丁氏所开的永孚当铺不相上下，有南当、北当之称。

益泰瑞银号

益泰瑞银号由周村人张氏于同治初年投资十万两在周村开办。这时的周村大街、丝市街、鱼店街等处商号林立，市面十分繁荣昌盛。张氏在最繁华的周村大街中段路东花巨资买下地皮，建起两进楼房，临街是传统的殿堂式建筑，雕梁画栋，富丽堂皇。其规模和气派为当时银钱业第一。清末周村成立商会，最初在准提庵内，民国后一度迁益泰瑞银号内。由于护国运动后驻扎周村的军阀军队的骚扰，益泰瑞将总号迁往济南。20 世纪 30 年代转让给鸿昌源银号，1948 年改为复兴卷烟厂。

鸿昌福银号

鸿昌福银号旧址在周村万顺街路西，原为大姜石氏的产业之一。石氏投资一万两白银开办于清乾隆年间，为两进院落，全部为砖瓦楼房。20 世纪 30 年代，被周村李氏收购，仍为银号，由周村石乐亭（字少卿）任经理，资本保持在一万元以上，是周村银钱业较大的经营业户之一，业务达京、津、沪等地。李氏同时在新街路北开有庆泰棉织厂及染坊、绸布庄多处，可谓财大气粗。抗日战争后因动乱银号停业，房屋租给周村印花税局。

滋厚福

滋厚福是周村人在当地开办较早的银号之一。由周村杨氏于清代在保安街南首路西（鲍家胡同东口南）创建，建有五进院落，资本比较雄厚，信誉也好。杨氏是周村的富绅之一，广有田产和房产，同时还开有其他产业，如周村一度规模最大的顺兴成丝织厂等。

恒康银号

恒康银号是旧长山温孟村温氏六吉堂于清咸丰年间开办，投资十万五千两，银号在周村鱼店街路南建数千平方米楼房，临街为五大间门面，东面是高大的车门。

温氏是原长山县的官宦大户。光绪初年，温鸿渐以举人出身被授予候补苏州知府，但因为后台不硬，一直候补了 20 年也没有得到实缺，家中几十亩地花费几尽。不得已回乡，在周村城里做起了买卖。开了钱庄和绸布庄。1911 年，被推选为周村商会会长。

至光绪末年，温鸿均的六吉堂、温际春的勤业堂、温树春的诚笃堂、温景云的怀德堂以及温氏中和堂、爱笃堂等，陆续在周村绸市街、鱼店街、油店街开办永康钱庄、成康钱庄、复成纺织厂、复成布庄等商号和工厂，并在济南、青岛、烟台、蚌埠、徐州、北京、天津、上海等地设有分号。其中永康、成康的资本都在万元以上。复成纺织厂在周村油店街路北，有几十台机器，雇有 50 多名工人，纺织印染各色绸布，由绸市街的复成货栈负责发给南北各地分号销往全国。

1932 年，六吉堂天津的产业大康丝麻庄，因另一股东朱伯高要求撤股，资东温凌云（温鸿均之子）派杨凤梧带六万银元在天津复安里开办复成绸布庄，以温仲泉为经理，杨凤梧为温氏另外开办大成纺织厂，是天津较大的产业之一。新中国成立后，温氏因老家被划为地主受到批斗，财产被全部没收，周村的商号、工厂相继停业。

恒生钱庄

恒生钱庄为邹平西关贾氏开办于清光绪年间，位置在周村凤凰门外小凤凰街路北，也是前后楼房，位置虽然不十分显眼，业务却兴隆。后各投资一万元在济南、邹平、高青等地开办恒生分号，专营周村与邹平、惠民、高青、济南等地业务。民国初年，贾氏子弟贾礼堂与周村大商号之女刁四小姐结婚。联姻后互相帮衬，买卖更加兴隆。

丰亨豫银号

丰亨豫银号是周村仁和镇十字胡同王氏燕翼堂所开办。王氏祖籍河北，明代落户周村，卖面饼为生。清初开始倒卖药材，在贩卖藏红花时发财。子弟开始有做知州、知县等官者，成为官僚家族。乾隆时分支好义堂在周村平等街开办隆德义、隆德增绸布庄，前店后厂，以批发色布为主，后在济南、石家庄建分号。道光末年，王氏投资五万两在周村凤凰街路北，买地建设成套楼房，开办丰亨豫银号，买卖十分兴隆。是当时周村银号中当地商号的佼佼者之一。后在北京、天津、石家庄、徐州、上海等地设立分号。

晋生裕银号

晋生裕银号旧址在大街南首丁字路口的丝市街路南，三大间平房，后面是套院。它由章丘张氏投资 5000 两白银创办于清道光初年，以为章丘旧军孟氏的各家买卖办理来往资金汇兑业务为主，光绪年间兼营绸布批发业务。民国以后，由张氏后人张起斌主持。抗日战争爆发后，随着日本侵略者的控制，周村的商业一度萧条，晋生裕也开始衰落，不得已吸收其他股东合资经营。至解放战争时改为绸布庄。

庆和永银号

庆和永银号资东为桓台县耿氏。明末耿名世做过浙江布政使，死后追赠吏部侍郎，赐葬。至清代耿曰桐时，拥有土地 720 亩，并承包学田 200 亩。清末在周村创建庆和永药材批发庄和德庆银炉。其第六子耿筱琴，教员出身，后承父业，在周村以经营纺织业和金融业为主，发展成为资金达数十万两白银的民族资本家。并于 20 世纪 30 年代在徐州、济南、蚌埠、北京、上海、天津、新疆、西安、青岛等地设立庆和东、庆和恒、庆和长、永记、庆和堂、庆和义、庆和公、公记、同和、庆祥、永丰、德庆、庆源、荣记等分号或批发庄，业务遍及全国。耿筱琴曾一度被推选为桓台县商会会长。

庆和永银号位于周村丝市街路南，20 世纪 30 年代经理为王积堂，后来是雷雨忱、李守基等。后院是麻葛庄。资金 2000 两白银。最初是为了与同行业调剂资金，后来才开展信贷和汇兑业务。

光绪年间，庆和永收购周村丝市街中段路北的万宝银楼。万宝银楼原为清代长山县石河赵氏开办，专门从事加工制作金银首饰。赵氏是周村古代的官宦之家，在长行街建有规模很大的宅院，拥有周村最大的私人花园，人称赵家花园。没落以后，靠经商为业。至光绪初年，完全败落，许多产业卖出。万宝银楼经理为雷雨忱，规模不是很大，因为讲求信誉和质量，是同行业中比较出色的老字号。

德庆银号

德庆银号于光绪末年设立在周村大街路西，资东李氏，是丝织业大户。经理为邹平县皇后庄李子生。资东开办银号的目的是为了产业经营方便，并不以金融经营为主，但由于资金雄厚，分号众多，影响力大，在周村的金融业中占有重要地位。

元亨银号

元亨银号为清代长山县乐礼村张氏所创办。地点在周村傅前街路北。因整条胡同都被张氏所占，除银号外还开有机坊、染坊，因此被称为元亨胡同。张氏善于经营，后来在周村鱼店街路南又开办宝元、洪元银号和钱庄（解放后为三友饭庄及生产资料门市部）。在大街北首路西租裕茂栈的一个院子，开办北元亨银号。后在周村大街开办天宝银楼，专门加工金银首饰。

聚泰银号

聚泰银号为清初长山县皇后庄李氏创办，原位于保安街路西。李氏另外经营丝麻批发、丝织、布匹等，实力雄厚，竞争力强，在全国各地都设有分号，是周村清初较大的字号。后为了更好地发展，在黄金地段丝市街西首路北重新开张，兼营蚕丝业。民国以后，看到金融从业人太多，改以经营蚕丝业务为主。20 世纪 30 年代以后改为恒和丝店。

义和公银号

义和公银号为清末周村贾黄乡郑氏所开办，位于周村绸市街南首路西。郑氏原为丝绸、布匹商人，主要往来于徐州、芜湖、合肥、江苏等地贸易，资产越来越大。后因丝绸、布匹业从业人员太多，竞争激烈，转向开办银号。20 世纪 30 年代经理为郑嗣平、郑子平弟兄。40 年代后又兼营绸布批发业务。

德庆和银号

德庆和银号为清末投资热中由章丘人韩氏开办于周村银子市街北首路东。

银号全部为楼房，临街是营业门市，后面院落是账房、接待室、库房等，楼上为休息室和宿舍。韩氏学习旧军孟氏经营理念，不墨守成规，注意服务质量，赢得广大客商欢迎。业务扩大后，韩氏在保安街鲍家胡同购买住宅，经营委托经理主持。解放前因战争歇业，房屋卖给别人开医院。

长盛公银号

长盛公银号原位于周村大街北首路西，著名书局三益堂（后为三元堂）南邻。为原长山县王家庄张继普于清末开办，最初以络丝线为主。经营中利用周村丝绸产品的优势，打进河北的泊头、沧州、石家庄、天津等地。后在本家张世仁的帮助下，生意日益扩大。周村开埠后，开始经营钱庄、丝绸、布匹等行业。民国初年，张继普把产业发展到青岛、西安、重庆、上海、北京等地。济南著名大商号东源盛织染厂、仁丰纱厂都有股份。张氏还注重对子女的文化和道德教育，以朱氏《治家格言》为家训，为后代订立三不准的规定，不准子弟纳妾、嫖娼，不准赌博，不准吸毒等等。张氏一门乐于助人，灾荒年主动拿出粮食接济穷人。张氏在王家庄盖了东西两大住宅，高大的雕花大门，宅中有亭台楼阁，库房、马房、车房、花园一应俱全。张氏在家乡拥有土地 300 多亩，是长山八大家中的佼佼者。解放后被划为地主，土地房屋分给农民，产业也充公。

乾元银号

乾元银号也是原长山县乐礼庄张氏于 1921 年投资 20000 元，创办于银子市街中段路东。经理先后是李敬川、伊荫南、王荷亭等，副经理为李印川、李敬轩等，职员 11 人。由于经理经营管理有方，加上资金雄厚，信誉度高，周村的大字号如德丰恒布庄、石氏五福堂布庄、永合丝店、长盛和布庄、福盛绸绫庄、同庆烟草公司、恒信和线庄、天增祥线庄等，都是常年老主户。桓台、邹平、淄川等富户也在银号有账户，每年可创利 7000 元左右。

德兴银号

德兴银号是周村城东辛庄马骏卿于 1920 年投资 20000 元筹办，1926 年正式营业，位置在保安街北首路西。先后任经理的有西马庄李钦宣、太和庄梅敬轩及路立房、孙汉卿、马湘浦、马环桥等。马氏是周村的富户之一，开有大有面粉厂，在潍县开有元聚染厂、德兴和布庄，徐州有德兴玉布庄，济南有德兴染厂、德兴布庄等。由于资金雄厚，贷款利率低、服务质量好等原因，大字号如八大祥、万盛公、元祥兴、三合德、元祥益等都是常年客户。在上海、天津、青岛等地开有分号，可直接办理汇兑业务。年盈利 1 万元以上。1945 年经理马环桥当选为周村商会会长。1946 年经国民政府备案批准，改为德兴公银号。1948 年，因马氏家中被划为地主，财产被没收，银号停业。

永孚当铺

永孚当铺为山东黄县人丁氏于清后期创办，位于周村保安街南首路西原 39 号。黄县的丁氏家族世代书香，清中叶以后是我国以经营当铺为主的著名民族工商业主。

光绪年间，丁氏看到周村的城市规模大，市场前景好，于是在这里开办了永孚号。民国后的经理为丁尔康，他发扬丁氏经营的传统经营思想，以信用为本，服务热情周到，经营精打细算，对员工严格要求，制订有详细的管理制度。无论从资金，还是从规模上说，它都是周村当时最大的当铺。建有大小庭院十几个，店员 40 余人。设有家具、戏具、衣物、首饰、玉器、字画、古董等容量很大的库房。后在淄川开有隆吉分号。

永孚的院落高大宽畅，住宅楼十分坚固豪华，许多大官僚来周村都借住在这里。如 20 世纪 30 年代，这里曾一度是国民党韩复榘三大主力之一的师部。韩复榘到济南以东视察，都是住在这里。

三和金店

金银首饰加工业，自古以来就是周村的传统工艺，店铺集中在新街、平等街、下沟街、武圣门等处，以青州、南京、周村三个系统为主，有的以加工金银首饰为主，有的以加工铜锡首饰为主，大多是手工作坊。

三和金店是清末在山西八家经营颜料、漆业、银钱业的同仁支持下，由周村徐氏等三家出面在周村大街中段路西开办的。20 世纪 30 年代资东徐晶波为经理。金店聘请手艺高超的南京、青州匠人坐店，主要加工比较高档的金银首饰，主要客户是大商人和官宦人家。

盛祥永首饰店

盛祥永首饰店 1900 年由山东寿光人刘兰盛（字茂斋）开办于周村辛街北首路西，资金 4000 银元。原为永爱堂，1919 年改为盛祥永，最发达时有十几人。除加工金银铜首饰外，还设计制作各种装饰饰件，镀金镀银也是独有的业务。后来生产的各种首饰远销北京、西安、张家口、包头、东北各地。1940 年由于战乱导致破产。

万兴永首饰店

万兴永首饰店由淄川人张兆远于民国初年开办。规模近十人。以加工制作各种首饰为主，兼做刻模镀货。20 世纪 30 年代掌柜张兆远去世，由店员徐华亭接替经营，改为华记万兴永。

德庆楼首饰店

德庆楼首饰店清末由章丘人张怀瑾开办，位于周村辛街北首路西。主要以加工铜锡为原料的首饰制品，销售对象为中下层市民和农民。产品主要是头花、胸饰、簪子、佩件、玉石镶嵌等，其制作的产品多销售于周村附近地区各县。解放前夕关闭。

民国以前金融业户简表

银号（钱庄）	地　址	资东或经理	资本额	开业时间
阜祥号	新街中段路北	孟毓瀚	10000 两	乾隆年间
瑞生祥	大街南首路东	孟毓瀚	10000 元	1821 年
滋厚福	保安街南路西	杨钦明	13600 元	道光末年
福诚义	大　街	石金庵	20000 元	道光年间
庆和永	丝市街路南	耿筱琴	19000 元	光绪初年
三益泰	银子市南路西	李海亭	16000 元	光绪末年
长盛公	大街北首路西	吴方德	16000 元	光绪初年
元德号	下沟街路东	贾炳辰	13600 元	民国初年
恒义号	银子市路东	杨恩亭	13600 元	民国初年
永康号	绸市街路东	温凌云	13600 元	清　末
聚来号	棉花市街	傅汉三	11080 元	清光绪初
德庆号	大街中路西	李玉棠	14220 元	1853 年
跌兴瑞	丝市街	韩文斋	15000 元	民国初年
德兴泰	丝市街	不　详	10000 元	清　末
德聚泰	丝市街	吕大九	10000 元	清　末
镇泰号	保安街	刘洪寿	10000 元	民国初年
存厚堂	保安街	芦梅村	13000 元	1921 年
义　记	保安街	赵素亭	9000 元	1919 年
义　聚	保安街	张立亭	16000 元	1920 年
南元兴	保安街	孟秀林	16000 元	1898 年
北元兴	鱼店街	马俊清	16200 元	1900 年
人和成	新　街	孟秀林	10000 元	1900 年
普利号	绸市街	不　详	9600 元	1925 年
元亨号	银市街	张思盛	10000 元	1853 年
元康号	银市街	李靖斋	13600 元	1876 年
丰亨豫	凤凰街	燕翼堂	10000 元	1853 年
裕泰兴	保安街	路贯五	8000 元	1926 年
永安号	平等街	李符臣	8000 元	1925 年
义丰恒	平等街	不　详	10000 元	1900 年
源泰益	平等街	不　详	10000 元	1910 年
谦益号	银市街	高　氏	10000 元	1884 年
荣德益	平等街	燕翼堂	13600 元	1906 年
德庆和	银市街北路东	韩　氏	10000 元	1910 年
义善号	丝市街	李沛村	13600 元	1900 年

（续表）

银号（钱庄）	地　址	资东或经理	资本额	开业时间
宝元号	下沟街	吴一清	13600 元	1917 年
聚泰号	下沟街	李友三	13600 元	1918 年
鸿昌谦	大　街	宁善亭	13600 元	1900 年
鸿昌福	万顺街路西	石少卿	10000 元	1760 年
瑞昌号	大　街	王乐山	9820 元	1910 年
福益合	大　街	赵言五	16200 元	1918 年
广济号	丝市街	张子清	13600 元	1920 年
人和利	新街	孙紫霄	10000 元	1890 年
德聚号	保安街	袁子明	8560 元	1885 年
德兴号	保安街	马骏卿	20000 元	1920 年
庆来和	银市街	吕玉峰	5400 元	1925 年
东泰和	丝市街	吕子安	7930 元	1928 年
义生和	丝市街	高东山	9820 元	1919 年
协兴东	新　街	马环桥	15000 元	1918 年
协兴来	丝市街	李子良	13600 元	1924 年
人和永	鱼店街	鹿介臣	9820 元	1915 年
广泰祥	银市街	毕晋元	7000 元	1928 年
广泰成	银市街	梅实斋	7300 元	1918 年
祥和钱店	丝市街	不　详	不详	1900 年
德和永	保安街	曲爱亭	8360 元	1929 年
德兴栈	绸市街	刘兴桂	7500 元	1919 年
义聚昌	保安街	董爱亭	10000 元	1909 年
协聚西	大车馆街	田子寿	10000 元	1890 年
谦益和	丝市街	史干臣	13600 元	1908 年
德仁厚	保安街	王道五	9820 元	1929 年
元庆号	新　街	李文隆	11080 元	1930 年
裕泰号	棉花市街	韩子安	6040 元	1928 年
公业号	绸市街	李慕韩	8530 元	1919 年
成康号	绸市街	李大庆	7552 元	1861 年
恒昌号	绸市街	杨俊山	10000 元	1907 年
广增和	大　街	程履安	16200 元	1929 年
乾元号	银市街	王荷亭	20000 元	1921 年
晋生裕	丝市街西	张起斌	9000 元	1890 年
恒泰昌	辛　街	李品三	19500 元	1945 年
晋丰号	银市街	李俊卿	24000 元	1939 年

（续表）

银号（钱庄）	地　址	资东或经理	资本额	开业时间
聚义号	保安街	张云亭	22500 元	1938 年
利元钱庄	银市街	刘境亭	3000 元	1940 年
公庄祥	大　街	王献臣	1500 元	1945 年
协祥太	大　街	吴贯义	1500 元	1939 年
德兴元	大街南路西	不　详	3000 元	1905 年
合　记	银市街	李　氏	30000 元	1905 年
义聚东	辛　街	高东海	744 元	1946 年

四、周村发行的地方票

（一）地方政权及官私合营发行的纸币

1916 年，中华革命军大元帅孙中山特派居正为中华革命军东北军总司令，统筹直隶、山东、山西讨袁事宜。3 月 13 日，居正通函华北各地同志，并在周村成立山东护国军政府，政府驻地及护国军司令部均设在周村，吴大洲为都督，薄子明为山东讨袁护国军总司令。为了支援讨袁世凯的革命军，地方军政府以周村商业银行名义发行纸币，有壹圆、伍圆、拾圆三种券，纸币上印有山东或济南地名，该银行券英文名称为 Commercial Bank，没有周村英文名称。同时又筹设周村商业银行发行了“山东护国军军用手票”，小额券三种：壹角、贰角、伍角。小额券上仅有号码，看起来像用手临时盖的，既不整齐，又有印错和叠印的。同时将“國”字改写为“囻”（这是当时以民为国家之主的写法）。印刷亦简陋不堪，既没有官章，又没有军用票条例布告以及收兑的时限，背面的图案像日本的军用手票格式。孙中山看见如此简陋的军票，立即电知地方政府停止使用，其电文曰：“前印刷票不精，恐滋弊，决不用。济南得后，百万现款必能借到。孙文。”地方政府接到此电后，就不再使用，以周村券替代。因该军用手票流通时间极其短暂，故流出市面为数极少，尤为珍贵。另外它还是各省地护国军用的军票中唯一以“护国军”为名的军钞。

为了避免官办银行对各商号的剥削，1914 年周村各大商号联合投资开办了周村商业银行，地址在周坊大街中段路东，负责人为根敬斋，并发行周村商业银行纸币，面值为壹圆、伍圆和拾圆三种，后来由于主要资东陆续迁移或关闭，被迫于 1919 年停办。

（二）周村地方私票

淄博民间私票发行始于 1880 年周村的大德通、大德恒汇兑庄，以后发行者有商会、钱庄、工商行号等。由于周村经济贸易发达，周村地方私票品种繁多，种类有银元票、铜元票、钱票、临时兑换券等。票面货币单位分为元、角、吊、枚、文。

（陈旭　郭济生）

记我家开设的德兴银号

德兴银号是我父亲马骏卿投资成立的，该号开设于周村保安街路西，资金两万元，民国十五年（1926 年）开始营业。经理一职迭经更换，最初是西马庄李钦宣，继由太和庄梅敬轩担任，干了几年又换上路立房、孙汉卿，最后由我三哥马湘浦接管，成了自东自掌。

我三哥的才能不适于干银钱业，干了两年便上济南干了德兴染厂。周村德兴银号即由我担任经理，这已是日军占领时期了。

德兴银号自开业以后十几年来生意一直很好，其业务特点是存款、放款利息低，一般存款利息是三厘至五厘，放款利息是八厘至一分。存款利息虽低，但所有的章丘祥帮如谦祥益、泉祥、瑞林祥、春和祥及万盛公、元祥兴、三合德、元祥益等大字号都经常来存款。因我家是当时长山县有名的富户，不仅家里有大量的房产、土地，而且周村有大有面粉厂，在德和永、协兴东、元兴等银号都有股份；在潍县有元聚染厂、德兴和布庄，在济南有德兴染厂、德兴绸庄，在徐州有德兴玉布庄等若干财产。在德兴银号存款绝不担心倒闭“被砸”的风险。尽管利息少些，凡是殷实商号大多数都乐于在这里存款。来德兴贷款的多半是些中、小商号，及顺兴成、元增利等机房，当时和德兴银号有交往的商号不下百余家。

德兴银号的另一特点是兼营麻丝、绸缎，当韩复榘督鲁时，日本麻丝大量从下洼走私进口，行销周村，倒卖麻丝成了当时的热门生意。那时我还在协兴东银号当经理，对麻丝的行情了如指掌，时时向德兴提供信息。要他们不失时机地收购麻丝、麻葛（即麻丝织的丝绸）。因原料便宜，织的各种成品也便宜。大量收购起来，向外销售可获巨利。德兴银号自开业到七七事变十几年来，每年盈利都在万元以上。

到了我当上德兴经理的时候，绸缎生意已很少，每年还从青岛购进 100 至 200 箱麻丝，运来柜上待价而沽，当时柜上还有十一二人，由赵立亭担任会计，以邢宗进、王云浩等为大伙计，业务上主要依靠存款、放款、汇兑，不久我被推选为绸麻业公会会长，常在商会办公。存款、放款等业务都发放给伙计们办理。我则以经理的身份天天上“银钱公”上关，专做汇兑生意。

周村每天都有很多商号派人上外埠办货，尤以到上海、天津、青岛三地者为多，现金在身上不好带，便找在该地有存款的银号汇兑。比如某商要往上海办货，需要款项两万元，在“钱行公”上关时即声言：“谁有申标？”我即答应：“我有，你使多少？”“我使两万。”成交后，我代表德兴将两万元的申票开给他，票面上即有德兴编的号码，写上汇兑钱数，双方都盖上字号图章，再由经办汇兑的银号经理盖章。该商号办货人员到上海后，可持此票上德兴经办人处支取现款。在周村该商号须先拨现款给德兴，并贴上汇水。汇水是银号的赚头，一般是汇款的千分之三，如果汇兑两万元，该商号须贴给德兴90块钱的汇水。汇兑是当时银钱业的主要业务之一。

德兴在上海、天津两地都有存款和经办人，代为办理汇兑，青岛则直接有人站庄。因此在周村每天都做两三起汇兑生意。

关上还有各家银号之间买卖“两交”的生意——按纸币的价值买卖银元、棉纱，实际上是买空卖空，随着价格的起落按期结算，赚的往里找余额，赔的往外找差额。成交大的往往胜则腰缠万贯，败则贫无立锥，简直同赌博一样。我代表德兴上关，从来不做这种生意。因为我父亲是创业者，我是守业者，当时我的思想是：只要把事业守住，还要干些事情弘扬家门声望，并不计较赚钱多少，更不想冒险发横财。发横财的另一面就是破了产，不仅家财受损，而且在社会上丢人现眼，所以我绝对不干。

自我当了经理以后，德兴银号虽然依旧业务繁荣，但每年结算账目，赚钱远不如以前多。因为我先当绸麻公会会长，后来又干了商会，经常在官场上活动，应酬事多，开支浩繁，再者伙计的薪金较当时其他银号为高，到了日军占领末期，每个伙计的薪金一年都在600元以上。学生意的名义上没有薪金，但每年馈赠至少也不低于200元。这就是德兴生意好而赚钱不多的主要原因。记得二十里铺有个学生意的刘宗山，家里只有寡母，穷得衣食无着，我除了多给他点钱，还从家里派长工用小车给他往家里送粮食。直到1947年德兴银号关闭，这个刘宗山还含眼泪说：“德兴银号对我有恩，我忘不了它。”

干银号最怕摊“瞎账”，一些资本小的银号，因摊“瞎账”受亏损而倒闭屡见不鲜。德兴也摊过一次“瞎账”，还是在我当经理以前，三合德杂货店贷了德兴一大笔款，后来因它的联号玉合恒亏损太大被迫倒闭，把它也坠垮了。因没钱还账，它的资东蔡家把下园和傅家庄两所街房作给了德兴。按当时的价值，那两所街房仅抵贷款的一半，但总还算没全部“瞎”掉。

1944年，我以德兴银号经理的身份和南营国化东同时当选为商会会长，国任正职，我任副职。翌年日本投降，在第一次解放周村战役中，国化东被俘北去，我便成了正会长。曾代表周村商民购买了大批鞋、袜、毛巾、肥皂等物品慰劳解放周村的八路军。当时商会的正副会长每月都有相当高的薪金，但我认为只要德兴银号能干下去，尽点义务算不了什么，当了近三年的商会会长，从没拿过薪水。

1946年，国民党军队占领周村，国民政府明文规定，所有银号必须呈报中央，经过批准才能营业。呈报的结果只有德兴一家开业手续完备，获得批准。因和镇江一家银号同名，便按照指示改为“德兴公银号”。尽管如此，当时法币不断贬值，物价一日数涨，在这种情况下，德兴公银号在进行存款、放款、汇兑等业务时，也不得不顺应形势，以棉纱、黄金实物折价计算。这样勉勉强强干到1947年结束。

（马环桥）

我所知道的乾元银号

我是民国十五年（1926年）到周村乾元银号学生意的。该号在银子市街路东，民国十年（1921年）开始营业，资东是长山有名的四大户之一乐礼庄张家。第一任经理叫李敬川，我去的时候换了伊荫南，同时还有两个副经理——李印川、李敬轩。

乐礼庄张家是个大富户，后来分成好几家，他们的字号都带个“元”字，如银号元亨、元通、南元兴、北元兴，布庄元亨利，绸绫庄元祥等。乾元银号和元亨利是一个东家，资金2万元，是周村124家银号中比较殷实的一家。

我去的时候，柜上有11个人，石作宏、李述元担任管账先生，刘元林、樊孟起、崔芬华等为大伙计。

乾元的三位经理都是干银钱业的老手，伊荫南尤为干练，他擅长交际，能通过各种关系、各种渠道吸收存款，当时除了周村著名的有钱商号瑞林祥布店、德丰恒索布庄及五福堂石家是常年存款户外，桓台城里、乡下各个财主都来存款，甚至岔河几家大商号也用大车拉着银元、插着镖行的旗子来周村乾元入账户。原因都是伊荫南的影响，客户认为乾元信用好，资本雄厚，在这里存款不担心倒闭的风险。

常来“乾元”贷款的商号有永和丝店、长盛和布庄、福盛绸绫庄、同庆烟草公司、恒信和线庄、天增祥线庄等，这些字号殷实、稳定，是常年老主顾，贷款不用铺保。其他小商号必须有可靠铺户作保，否则不贷。甚至有些不顶钱的商号即使有铺保，也干脆不贷，恐怕贷出款去收不上来摊“瞎账”。

乾元一般存款利息8厘至1分，往外贷款利息是1分2厘至1分8厘。除了乡下财主外，存款户、贷款户都是买卖商号，时存时提，时贷时还，大多数是活期或3个月至半年的短期存、贷款。“乾元”生意好，业务多，周转期又短，两位先生天天忙着记账、销账，开折子、收折子，跑街的则忙着去探听行情，联系业务。小伙计平时跟着师兄们站柜台点付点收，有的被派出去送折子，催讨贷款，至于出出进进，扛银元、扛铜元更责无旁贷，是名副其实的“驮钱驴”。

周村银钱公会俗称“钱行公”，设在丝市街路南。某家银号要出吊票子，都得经过“钱行公”批准，其数额不能超过该号资本的30%。乾元的资本是2万元，按比例印发了价值6000元的吊票子，票面有四种：一吊、二吊、三吊，最大的是五吊。银号之所以出吊票子，是因为银元不好找零，铜元又不易携带。出吊票子便于市面交易，同时也可以代替现金在当地市面上贷放。持有吊票的人，拿一吊钱吊票子上该银号可兑换出24枚大铜元，即960文钱，少支一枚铜元所谓底子钱。“乾元”出的吊票随到随付钱，始终在社会上保持着良好的信誉。

那时银号每天早晨都到“钱行公”去上关，俗话叫“赶集”。关上由“钱行公”挂牌，标明当天铜元买银元的价码，记得当时一般都挂“六八五”的牌，就是说六吊八百五抵一块现洋钱。牌一挂出，即有人争着喊：“六八五，谁要？”随即有人答话：“你卖多少？”“卖两万。”“好，我买。”双方成交后由买方开条子，卖方盖上章，交给“钱行公”的会计处。会计处设有各个银号的号签，即将条子押在买方的号签底下。关上的生意只限于银钱业内部，其他行业不得参与。一早晨可达成几十桩交易，有按牌价的，有稍高或稍低于牌价的。其实都是买空卖空，不真正动银钱。凡是交上的条子，当日上午即由会计处算出来，谁家买了多少，谁家卖了多少，一一记账。乾元的经理和大伙计经常去上关，今天“六八五”买一两万，明天涨到“六八七”随时卖出，即赚400吊钱的余额。反之，明天跌到“六八四”，从账面上就得赔出200吊钱的差额。“钱行公”五天一小抹期，半月一大抹期。所谓抹期，就是在这时期内，各家银号互相买卖、转账，得出最后谁家该找给谁家多少差额，立即拨付找清。“乾元”的三位经理不仅信息灵通，而且个个老谋深算，善于揣摩行情，在这种买卖“两交”的生意中，经常是赢家。有些小银号看不准行情，因找差额而倒闭者往往有之。

银号还有一种风险，一有风吹草动，存款户纷纷拿着存折来兑现，如果柜上底子空没有现款，就会被逼得当场“瘫痪”。乾元银号也遇到过这种情况，早晨一开门，外边站满了人，有的拿着存折兑现洋，有的拿着吊票换铜元，吵吵嚷嚷，混闹不休。三位经理面带笑容，从容应付，一面叫迎门摆设两张方桌，由两位先生结算账目，伙计们从后边抬出大批银元、铜元，按着次序一一兑现；一面派人通知各个联号：元亨、元通、南、北元兴等，乾元和他们有约在先，一方有难，八方支援，霎时拉着洋钱的铁脚地排车源源不断地涌进乾元后门。一些存款户看到这种情景，不约而同地自动退去，一场风波安然度过，并且进一步提高了声望。

乾元柜上常年吃馒头，天天有肉，顿顿有菜。经理们常说：“吃了花了以后，剩下的才是东家的。”伙计们待遇不高，大伙计每年薪金不过100元，依次而下80元、70元不等。我去学生意第一年给了我10吊钱，第二年是30吊钱，第三年是60吊钱。按关上的行市60吊钱还买着10块银元。我因为挣钱少，便另找门路上了上海。

我在乾元是小伙计，每年柜上赚多少，无从知道其确切数字，但估计可在六七千元之间。东家对三位经理有怀疑，有时暗中向我打听他们的各种活动，我只好用“不知道”三字作答。等我从上海第一次回家探家时，听说乾元银号已在民国二十年（1931年）收赎了。

（吕墨林）

桓台地方发行和流通的货币

一、地理位置及历史沿革

桓台县位于山东省中部的鲁中山区与鲁北平原交界地带，东接临淄，西连邹平，南靠张店，西南与周村区交界，西北越小清河与高青县接壤，北依博兴、高青。县境南窄北宽，略呈方形。南北最大纵距24.4公里，东西最大横距27.5公里，总面积509.53平方公里。桓台县水陆交通发达，小清河西抵济南，东达渤海。

桓台历史悠久，商为蒲姑地，周属齐国，汉为西安、高苑、临济、会城、博昌县辖，隋属临淄、长山、高苑县管。1228年（南宋绍定元年、蒙古拖雷监国之年）置新城县，隶属济南总管府。中统年间（1260～1263年）属淄州路，元至元二年（1265年）隶属淄莱路，1287年改称般阳路。明洪武九年（1376年）属淄州，次年改属济南府。清代，沿袭明制。民国二年（1913年），废府、州，存县、道，新城县隶属济南道。次年1月，易名耏水县。4月，取齐桓公戏马台之迹定名为桓台县。1928年废道制，直属山东省。1938年7月，华北游击纵队第十三支队第十二梯队在棘托置县政府，隶属山东省第十专员公署。1940年4月28日，建立桓台县抗日民主政府，隶属清河专员公署。年底，改属清河行政主任公署清西专署。1942年1月，中共清河区委决定撤销县、区建制，成立长桓军政工作团，隶属清河行政主任公署清中专署。是年7月，改属清西专署。1943年8月，复置桓台县抗日民主政府，隶属未变。1944年1月，清河区与冀鲁边区合并，称渤海行政区，桓台县属渤海行政区第六专署。1945年8月，改属渤海行政区第三专署。1949年7月，第三专署改称清河专署。1950年5月，撤销清河专署，桓台县隶淄博专署。1953年6月，淄博专署改称淄博工矿特区，桓台县划归惠民专署。1958年11月，桓台并入博兴县，隶属淄博专署。1961年9月，复置桓台县，改属惠民专署。1983年10月，桓台县划归淄博市。

二、工商贸易概况

明清时期，桓台地区已形成以制陶、织布、酿酒、榨油等10余个行业的手工业体系。鸦片战争后，洋货倾销市场，大部手工业被迫歇业。辛亥革命初期，私营工业和手工业作坊一度发展。1932年，全县有私营工业和个体手工业3000余家，从业人员近万人，产品总值达836.2万元（银币）。日军侵占桓台期间，私营工业和个体手工业遭受很大破坏，所剩无几。抗日战争胜利后，桓台县政府积极支持私营工业、个体手工业恢复生产，并试办起一家全民所有制工业企业。1947年，国民党政府发动内战，桓台人民又陷于战火之中，致使刚刚恢复起来的千余家私营工业、个体手工业又遭到破坏，民生凋敝，大批工人、手工业者失业。

造纸及纸制品业

明代，民间已有土法捞纸业。清末至民国初期，有土纸作坊30余家，百余人，年产土纸约千吨。产品粗糙，主要为鞭炮或祭奠焚烧用纸。1936年，近代造纸兴起，手工制纸渐衰。解放前夕，乌河两岸仅存5家土纸作坊。

印刷业

清末至民国时期，索镇有华城、华通、复兴、新民、新兴、程东6家私营石印局，从业人员60余人，计有石印机11台，从事家谱、信封、信纸、布告、彩色食品封纸，钞票等印刷，年经营额约500元。同时，有2家刻字铺，兼营木板雕刻印刷，印刷品有信纸、画像、各类帖子，年经营额约200余元。1920年，活字铅版印刷技术输入本县，县城官办印刷社开始营业，有员工10余人，印刷机2台。此后，战争频仍，相继停业。1945年索镇华通、复兴等6家印刷局（社）先后恢复生产。1956年1月，这6家私营印刷局（社）实行同行业合作经营，时称索镇印刷合作社，从业人员70余人，设备器材折价为合作资金2150.38元。

私营商业

清末至1920年，全县有烟号、银号、酒行、油坊、药铺、杂货铺260余家，其中杂货铺100家，药铺50家，油坊、银号各40家，以油业最兴盛。1912年，桓台县商会成立，境内商业有所发展，至1923年，各业商号增加到800余家，年交易值达800多万元。1927年，由于兵燹匪患、苛捐杂税，市价暴涨暴跌，大部商户停业或携资外逃。此后，社会趋向稳定，私营商业有所恢复。1931年，境内成立钱业、布业、粮业、药业、油业、烟酒业、棉业、杂货业等8个同业公会。1933年，全县有商号400余家，多分布于“六大镇”（新城、索镇、张店、田庄、岔河、起凤桥），年交易值780余万元（银元）。其中新城有商号70余家，以钱业居多，为18家；索镇有商号100余家，以油业、粮业、杂货业最多，分别为30家，12家和17家，以粮油、棉花交易最盛，年交易值分别为500万元和100万元，约占年交易总值的62.5%和12.5 %。1936年，桓台县商会被新城大地主耿筱琴等把持，盐业被新城大地主冯冠鲁独霸，耿、冯二家操纵了全县商业市场。冯冠鲁肆意将盐价抬高到每斤0.11元（银元），农民卖4斤多小麦才能买到1斤盐。索镇、起凤等地几千名群众忍无可忍，一齐砸烂了冯家盐店，并将其所储20万公斤盐分光。日伪统治时期，设“宣抚班”、“组合社”，在较大集镇设分社，控制桓台商业市场，掠夺桓台经济资源，推销日货，多数商号或关门停业，或携资潜逃，有40余家商号倒闭。至解放前夕，境内较大商号所剩无几。

消费合作社

1933年，境内曾建起7个消费合作社，社员约600人，股金千余元。1940年，桓台县抗日民主政府成立后，于次年建消费合作社2个，多时达4个。1946年，仅存消费合作社1个，入股社员200人，股金4万元。

三、钱庄、信用合作社、典当业概况

钱庄业

清光绪三十年（1904年），泰昌和、人和、祥和3家钱庄先后在新城设立，经营金银、钱币兑换、存放业务。民国初年，驻青岛的外国洋行通过买办商人渗入桓台，外货输入量与本地土特产外运量大增，款项调拨频繁，钱庄业随之发展。1921年，全县钱庄发展到18家。1927年后，军阀混战，社会秩序混乱，钱庄一度衰落。1930年起，政局渐稳，钱庄随之发展。到1933年，全县钱庄增至36家。以集中于新城的18家实力最为雄厚，资本多者达2万元；其余布于村镇，资本微薄，少者仅数千元。各钱庄以放款、买卖银钱为主，经营存款、汇兑者少见。全行业年放款最高额约30万元。年利最高者30%，最低者20%，普通25%。1938年，桓台的祥记分行和庆祥钱庄在高苑附近放款达100万元和50万元以上。1943年，在小清河两岸已形成以桓台商业资本集团为中心，涉足于高青、邹平、滨州、蒲台、博兴等县的农村放贷金融网。其放款利率多在一分五厘至三分五厘。田庄的“益诚”等银号，放款利率高达“三年本利平”。此期，全县有存放业务关系的钱庄82家，大都兼营商业，与济南、周村等地银号、钱庄保持往来关系。农村出现信用社后，影响了钱庄的业务。嗣后，物价飞涨，法币急剧贬值，放款获利远不及囤货经商者多。1946年前后，各钱庄相继歇业。1923年，县城有76户工商业者印发钞票，金融紊乱。

桓台县民国时期私人银号钱庄情况表

地址	钱庄名称	负责人	开业年份	歇业年份	备注
田庄镇	桓丰银号	高向贞		1931年	
田庄镇	泰顺成	田子谦		1924年	
田庄镇	聚成	田贡臣		1925年	
田庄镇	益恒诚	周玉山		1926年	
城关镇	太生祥	王福亭	1923年	1944年	
城关镇	泰昌和	李鸿祥	1912年	1946年	
城关镇	分兴	罗范三	1921年	1946年	
城关镇	人和	张竹	1912年	1946年	
城关镇	祥和	梁晋川	1912年	1946年	
城关镇	商业	郑东卿	1917年	1946年	
城关镇	裕庆	梁际村	1917年	1941年	
城关镇	裕典	冯冠鲁	1917年	1946年	
城关镇	裕泰	马秀斋	1933年	1946年	
索镇	德兴福	张景臣	民国前	1939年	兼营糖茶
索镇	桓丰瑞	王湄川		1922年	兼营杂货

（续表）

地址	钱庄名称	负责人	开业年份	歇业年份	备注
索镇	恒志永	朱次中		1941年	兼营颜料
索镇	人和栈	周润卿		1942年	兼营颜料
索镇	同兴	崔三		1920年	兼营杂货
索镇	周兴×	高伟臣		1920年	兼营铁货
索镇	同顺堂	高俊有		1949年	兼营铁货
索镇	普聚分	王玉卿		1912年	
索镇	益亨	王新山		1915年	兼营粮食
索镇	福和恒	张七		1920年	兼营铁货
索镇	分聚和	田伯泉		1946年	兼营铁货
索镇	恒裕永	刘家臣	民国前		兼营杂货
索镇	集丰堂	崔宜亭		1934年	兼营粮食
索镇	清泉居	徐三		1938年	兼营酱园
索镇	恒德义	张建堂		1939年	兼营杂货
索镇	同聚福	张九汝	1914年	1942年	兼营粮食
索镇	同德和	逯跃东	民国前	1935年	兼营杂货

（续表）

地 址	钱庄名称	负责人	开业年份	歇业年份	备 注
索 镇	恒泰永	朱希三		1942 年	兼营杂货
城关镇	永盛和				
城关镇	福盛和				
城关镇	裕 益				
城关镇	聚兴永				
城关镇	德聚祥				
城关镇	福庆祥				
城关镇	恒聚和				
城关镇	庆顺东				
城关镇	分 祥				
城关镇	益顺成				
城关镇	益太成				
城关镇	增 盛				
城关镇	德茂昌				
城关镇	恒 泰				
城关镇	同顺和				
城关镇	德顺和				
城关镇	益庆和				
城关镇	德庆和				
城关镇	德盛永				
城关镇	永昌和				
索 镇	瑞 春				
索 镇	隆祥泰				
索 镇	恒 兴				
城关镇	汇 东				
城关镇	义聚和				

（续表）

地址	钱庄名称	负责人	开业年份	歇业年份	备 注
城关镇	春 祥				
城关镇	义 祥				
城关镇	同泰和				
城关镇	汇 源				
城关镇	聚昌和				
城关镇	分 盛				
城关镇	德聚堂				
城关镇	鸿昌永				
城关镇	益泰和				
城关镇	义昌和				
城关镇	鸿 昌				
城关镇	盛 永				
城关镇	永祥和				
索 镇	义 和				
索 镇	同 祥				
索 镇	福 祥				
索 镇	恒 吉				
索 镇	聚 兴				
索 镇	义 和				
城关镇	永 昌				
城关镇	永 和				
城关镇	恒昌和				
城关镇	分祥和				
城关镇	鸿 源				
城关镇	泰 东				
城关镇	瑞 丰				

信用合作社

1932 年，境内试办农村信用合作社 4 个，社员 95 人，每股 5 元，股金总额 475 元，至解放前夕全部倒闭。

典当

桓台县的永吉当铺设立于清光绪十一年（1885 年），为山东省最早的两家当铺之一。铺址在新城东大街路南，占地 10 余亩，分设 4 个院落，有 50 多间房屋。铺主绰号“丁百万”，雇用 30 余人，独资经营，资本 2 万元，架本 12540 元。所当物品以衣饰、农具为多。由当铺将质当物品估价后，按“值十当五六”的比数付给当户货币，并生息三分（包括保管费一分）。质当期限为 12 个月，逾期宽限 1 个月，计 13 个月。到期后，当户不赎取或转利，即为“满当”。满当后的物品，由当铺任意发卖。其业务旺季屡在春、秋，伴随农业生产周期，呈春当秋赎规律。年当入 11598 元（票数），赎取 10374 元。永吉当铺资本雄厚，兼营存、放款业务，能与新城著名的耿氏银号抗衡。1948 年歇业。

四、桓台境内发行或流通的货币

（一）境内发行的私票。清末至民国初期，新城城里较大的商号如泰昌和、裕兴、祥和等 76 家，经商会注册发行本票和庄票（俗称吊票子）。继而蔓延至农村。如田庄的恒丰、益恒诚银号，夏家庄的瑞兴银号，均发行过私票。1931 年，国民政府下令取缔私票，限期收回。实则禁而不止，更加泛滥。不经注册即粗制滥造，且数额无限。这些商号倒闭后，其发行的纸币便同时报废，贻害于民。

（二）曾经流通的货币。鸦片战争后，在桓台流通的货币名目繁多。主要有银铸币、铜铸币、纸币三大类。

1. 银铸币。清末，境内流通的银铸币有银元宝、银锞、银元 3 种。当时，虽实行银两制，但银元在市场上却大量流通。境内流通的银元有袁洋、孙洋、北洋、立人洋、鹰洋、龙洋等几种。

2. 铜铸币。清代，铜铸币为中有方孔的圆形制钱，俗称清钱、铜钱。从顺治至宣统年间发行的通宝铜币，均在境内流通。1900 年，广东铸币厂机铸的无孔铜元也流通于境内。1912 年，将铜元改铸，原“光绪元宝”字样改为“大清铜币”。

3. 纸币。纸币的流通使用状况较前者更为复杂。四大行发行的纸币及省库券等在各商号间广为流通，但乡村多用银元、铜元及平市官钱局的钱票交易。1939 年，日军侵占桓台后，以高价抢购铜元，市场上金属辅币渐少。1941 年，又将大量伪法币投放市场，占货币流通量的 20%。至 1948 年，法币投放失控，致物价飞涨，较 1937 年上涨 6 万倍，人民深受其害。1939 年，日伪华北临时政府发行中国联合准备银行兑换券（简称联银券），与法币同时流通。该券 100 元折合法币 1000 元。1940 年，抗日革命根据地的北海银行开始发行北海币。1941 年，境内流通货币中北海币占 30%。当时，汉奸、特务虽经常窜犯各集市，没收、撕毁北海银行发行的“八路票子”，但北海币在流通中仍日趋增多。至 1945 年，境内流通货币主要为北海币。与北海币同时流通的还有冀南币、华中币、西北农民币、晋察冀边币多种。

（李银）

临淄地方票的形成与发行情况

一、地理位置及历史沿革

临淄区，东邻青州市，南接淄川区，西连张店区、桓台县，北靠博兴县、广饶县。总面积668平方公里。辖5个街道、7个镇。区政府驻稷下街道人民东路行政办公中心，距市政府25公里。

临淄历史悠久，文化灿烂，是华夏文明发祥地之一，周代齐国故都，汉代齐王首府，三国为青州治所，隋、唐为大郡驻地，此后为县。1969年12月由昌潍地区划转淄博市，改称临淄区。

1930年临淄县废社改区，全县设5个区，即一、二、三、四、五区。1946年改为城关、皇城、牛山、苇河、高阳、路山6个区，辖70个乡。中华人民共和国建立初期，全县辖7个区（即城关、淄东、牛山、高阳、苇河、龙池、路山区）。1950年9月，区以数字命名：城关改称一区，淄东改称二区，牛山改称三区，高阳改称四区，苇河改称五区，龙池改称六区，路山改称七区，辖70个乡，368个自然村。

二、临淄商业概况

清末民初，临淄商业物资靠水运，即由小清河运至广饶石村，再陆运到临淄西关，西关成为商业经济繁荣之地。1904年，胶济铁路建成通车后，辛店交通方便，商人云集，尤其是收烟季节，中外烟商纷纷来辛店设点收烟，市面更加繁荣，仅烟叶一项交易额就达300多万元。为了统管临淄商业，临淄县于1915年成立商会，会址设在西关三元阁。

商会设会长、副会长和执监委员若干人，会长从执监委员中产生。商会还建有商团，商团有团丁20余人，商团团长由县长指派。政府把商会作为控制商界的工具，在选举商会会长时，必须由为其服务的商界头面人物作为候选人，选举只是一种形式。商会的宗旨和任务是维护商界的利益，向政府陈述商界的要求，调解商户之间的纠纷，统管集市贸易，组织县境内的山会、庙会，督促商界执行政府法令、收捐、派夫役等。

商号入商会要缴纳会捐（即会费）。缴纳会捐的标准，起初按商号经营额的多少而定（对外来行商则按量收捐）。后来，烟商买卖兴隆，会费便由烟商全部缴纳。烟商每收一吨烟叶或每装一个车皮要缴纳会费一元。1935年，辛店商会成立后，烟商毕延禄承包辛店商会会费，尔后，毕延禄抬高收费标准，遭到商界反对。商界公推“裕兴东”店主谭大财代表商界与毕延禄打官司。商界胜诉后，重新修订了会费收支标准，并立石碑把商户缴纳会费的标准刻于石碑上，保护了商界的利益。

1930年，辛店商户为解决用水困难，因打井与土地户主发生争执，商会出面与土地户主对簿公堂。后经县长舒孝先裁决，商户集资三千元，买下地基打井，并在井旁立一石碑，碑正面书“泽流八县”四个大字，背面镌刻集资人的姓名。

随着形势的发展，商会多次变化。1936年，山东省政府颁布《商会法》后，临淄县长冯谦光谕：“查本县以前商会多不合法，关于商业之兴景诸多困难，有组织正式商会之必要。”1937年3月，重新成立县商会。

1938年，日军侵占临淄后，日伪政权重建商会，利用商会对商户严加控制。商户送货须先由商会出具证明，然后经日军警备队盖章。所进商品的品种和数量均不得超过规定的范围和标准，违者即遭审讯。新中国成立后，临淄商会结束。

三、临淄地方票的发行情况

临淄地方票大约有多少种呢？以其鼎盛的抗日战争时期为时点，据调查，临淄城里及西关，有字号的买卖商家35家，出票子的就有27家。目前有实物的有13种。由此推断种类至少在27种以上。以1930年为界，票面模式可分为银票式和银行券式。1930年10月，韩复榘在下令禁止制钱、铜元出境的同时，议决设立平市官钱局和准备设立山东民生银行，并发行山东民生银行“辅币券”即角币。因此，由此推断，在1930年10月以前，均为封建王朝银号、钱庄发行的银票模式。1930年10月以后格式才变为银行券模式。

通过实物来看，某一阶段还有统一印制格式分区（片）盖章流通使用的模式。“临淄县流通辅币”分别有壹角、贰角、贰角伍分、五角四种券别，券面颜色也各有不同，但图案、规格相同，显然是同一模板印制。同时它也存在非常随意的一面。竟有“贰角伍”面值，缺“分”单位，且加盖地名较多，其中壹角有泰顺号、长胡同、皇城营、上庄、于家庄、尧王庄、孙娄店、张家庄、寇家庄、岳家庄。贰角有傅家庙、九仙庄、田家庄、皇城营、望寺庄、张家庄、孙家徐姚、寇家庄、柴家疃、半截河子、杨家官庄、西苇子河、王青屯、齐家庄子、东姬王庄。贰角伍有傅家庙、东石桥、南马坊、蒋王庄、九仙庄、皇城营、官道庄、西孙、柴家疃、白兔丘、西苇子河。伍角有刘家营、官道庄、北高阳、岳家庄。另外“真一堂”壹角币，可在背面写上伍分或叁分字样并加盖印章加以确认。

地方票一般是在狭窄的自然的商品流域内，在乡村集镇（主要是民间）范围流通使用的由县级地方政府或商号、钱庄发行的钱币化的信用票据或固定格式的契约凭证。其产生的原因主要有以下五条：一是由于中央政府对货币发行权控制较弱，小面值货币缺乏，1935年11月，国民党政府实行“币制改革”后，取缔了各省发行的钞票，但小面值货币供应出现严重短缺，不得不授权地方政府银行发行辅币，为地方票的产生培植了土壤。二是国家货币失去信用，法定货币快速大幅度贬值。特别是1945年以后，法币的大幅度贬值，导致广大民众的拒用，为地方票的流通创造了条件。三是国家处于战争状态，部分区域处于封闭半封闭自治状态，抗日战争时期显得尤为突出。四是社会生产力不发达，基本处于自给自足状态，商品交易活动大多是民众维持基本生活所需的小宗商品交易。五是区域有一定的商业条件，有自生的商业基础。

（张光 孙永行 陈旭）

民国时期高青县地方发行的地方票

一、历史沿革

高青县位于鲁北平原，北依黄河，南靠小清河。东与滨州市、博兴县接壤，西与邹平县为邻。面积896.5平方公里，呈狭长廊状，全系平原。虽然属地历史悠久，但是高青建县较晚，1948年4月23日，由原高苑县和青城县合并（同时划入滨县、邹平两县的部分地区）而得，并取两县首字命名。1956年，高青与齐东合并，称齐东县，隶惠民专署。1961年，复置高青县。1989年12月2日，将惠民地区的高青县划归淄博市。

北洋政府时期，山东地方行政实行省、道、县三级制。高苑县隶属淄青道；1912年，青城县隶岱北道，1914年改隶济南道。1925年，山东省设十道，青城属武定道。1928年5月16日，国民党山东省政府成立，6月，国民政府废除道制，实行省、县两级制。1936年1月，国民党山东省政府制订《山东省分区设置行政督察专员公署暂行规程》（简称《暂行规程》），规定全省划为12个行政督察区。1938年5月至10月间，国民党山东省政府将全省划分为17个行政督察区（有的有名无实）。至1942年，17个行政督察区先后成立了行政督察专员公署。1936～1942年，高苑、青城县属国民党第十行政督察专员公署。1945年，青城改隶鲁北政府办事处。1940年，青城县民主政权控制区域隶属清河专署，1943年，清河专署升格为清河行政公署，1945年8月，中共山东省政府成立，清河行政公署改称清河专员公署，隶渤海行政公署。

由于高青县是由高苑县和青城县合并而来，且高青县建县较晚，已处于解放战争中期了，不可能存在以高青名义发行的各种票券。所谓高青县地方发行的票券，是指原高苑县和青城县发行的票券。

二、高苑、青城县商贸概况

清代和民国时期，高苑、青城县的手工业多为农民兼营，有纺织、造纸、建材、榨油、酿酒、木工、烘炉、酱菜、条编等。

新中国成立前，高苑、青城有私人开办的石印局，一般用于印制契单等。

关于典当业，本地当铺最早出现于19世纪初，其规模不一。规模大的当铺，下设代当或小押当。至民国初期，高苑、青城县共有当铺11家，代当15家，小押当26家，青城当铺主要集中在魁星楼以东。其当押范围包括金银首饰、玉器古玩、衣服布料、家用器具等。当价按押物价值折算，金银首饰、古玩玉器等当价为其价值的8折，丝绸类为6折，衣物用具类5折。当价为月息，一般2~3分，赎当时还本付息，并付2%的保管费。期限一般为12~18个月。逾期不赎，当物归当铺所有，称“没当”。如当票遗失，需取保作证，并向当铺交纳原当价10%的“失票费”。当铺多为外地或本地豪富开设，他们以货物抵押生息盘剥，牟取暴利。1929年，青城县各当铺因土匪抢劫而停业，高苑县当铺于1942年前后停业。

清末，高苑、青城县的商品交易主要靠个体商贩。有的固定在城镇或乡村摆摊，有的走街串巷叫卖或流动于集市，如货郎担、酱油挑、布贩子、青菜贩子等。清光绪十六年（1890年），青城有店铺4家，高苑有店铺3家，均经营生活日用品。民国初期，个体商贩不断增多，经营范围有所扩大。据《山东各县乡土调查录》记载：1919年，高苑县有药铺4家、油坊2家、杂货铺11家，青城有药铺7家、油坊3家、布店7家、杂货铺25家。到1931年，高苑、青城县有商店34家，其中棉絮业4家、杂货铺10家、面粉业4家、布业3家、油业3家、药店10家，资本最大者银币4000元，最少者数百元，全年交易总额银币61.9万元。翌年，商店增加到46家，经营项目增加丝绸、粮食、土产品等，其商品多由周村、济南购进，粮食及土产品亦销往周村、济南等地，全年交易额约70万元。1934年，高苑有商店62家，较有名的有“德光隆”酱菜铺、“天顺远”油坊、“红蓉”药房、“大布社庄”等。青城有148家，经营商品近千种，比较著名的商铺北街有王泽文的万香斋、李英臣的复聚兴、范允岩的聚兴东、陈秉铎的汇聚及同祥玉、福祥义等；东街有孟兆信的德泰永、公相合、当铺；西街有杨凤仁的福祥及德义成、德升永等。铺商经营烟酒糖茶、布匹百货、肉面鱼蛋、煎炸烹调，直至木材、煤炭，应有尽有，从业者经营以诚信为本，货真价实，童叟无欺。店铺代代相传，在群众中有较高信誉。1938年后，由于日军侵入，大小店铺屡遭抢掠，青城只有饭铺2家，田镇仅剩药铺1家。至新中国成立前，本地商业一直未能得到大的发展。

以上作坊、当铺、商铺均为钱庄票的潜在发行者。尤其是当铺、商铺，多数都出过钱庄票。

三、高苑、青城县钱庄票概况

1919年，高苑县有钱庄6家，青城县有钱庄5家。1933年，高苑县有13家钱庄，青城县有14家。这些钱庄分合资、独资两类，资本微薄，经常靠桓台、长山钱庄接济。钱庄以放贷、兑换银元为主业，鲜有经营存款、汇兑业务者。其中18家出乡票，12家印钱票。印钱票较多的是青城的德泰和、高苑的魁聚、田镇的德泰祥钱庄。所印纸币均在高苑、青城、蒲台一带流通。流通于青城的钱庄票，又被戏称“围城转”。解放前夕，各钱庄先后停业。

1933年高苑、青城县钱庄一览表

庄号名称	开办时间	资金来源	资金（元）
汇　聚	1923年	合　资	550
永盛祥	1922年	独　资	800
义顺祥	1927年	合　资	900

（续表）

庄号名称	开办时间	资金来源	资金（元）
魁　聚	1896年	合资	6000
聚庆和	1904年	合资	6000
魁聚东	1906年	合资	5000

（续表）

庄号名称	开办时间	资金来源	资金（元）
信　聚	1933 年	合　资	400
裕　丰	1875 年	独　资	1400
恒顺来	1901 年	独　资	625
源兴来	1927 年	独　资	600
万和堂	1882 年	合　资	500
德升永	1925 年	独　资	1250
裕庆永	1921 年	独　资	1250
德泰和	1906 年	独　资	1500
德泰永	1924 年	合　资	100
福　祥	1901 年	独　资	1000
恒盛公	1883 年	独　资	1000

（续表）

庄号名称	开办时间	资金来源	资金（元）
泰祥和	1928 年	合　资	4000
德泰祥	1926 年	合　资	5000
泰　丰	1932 年	合　资	3000
万顺水	1921 年	合　资	4000
福合祥	1927 年	独　资	3000
祥　裕	1933 年	独　资	2000
谦益营	1928 年	独　资	3000
公庆和	1931 年	独　资	2000
公泰祥	1933 年	独　资	1000
裕　成	1886 年	独　资	2000

迄今为止未见到清朝时期高苑、青城的钱庄票。民国时期，高苑、青城的钱庄票亦不多见，尤以青城县的钱庄票难得一见，目前仅见青城东兴和壹吊铜元票。存世的高苑钱庄票有高苑城北郭家庄同兴永壹吊铜元票，高苑城北孙家集裕民号民国二十九年（1940 年）伍角、高苑城北窦家庄公益号民国二十九年伍角、高苑城北窦家庄公益号民国二十九年贰圆、高苑城北窦家庄公益号民国三十年（1941 年）贰圆等。

四、高苑、青城县官方发行的票券

目前尚未发现高苑县官方或半官方（比如商会）发行的纸币。青城县官方发行的纸币，也仅有青城县政府为解决辅币匮乏、调剂市场金融，于民国二十九年（1940 年）至民国三十年（1941 年）发行的青城县金融流通券。金融流通券均较罕见，正面图案都是行驶中的火车，背面是花框图案，有贰角、伍角两种面额。每种面额都有两个版别，分加盖“更换票版”和没有加盖两种。在流通中，这些票子凑成 1 元或 10 元可兑换相应面值的法币。

1939 年月中旬，驻惠民的日军山根派一个中队进驻青城，建立了伪政权。1940 年 2 月，八路军第三支队基干一营教导员李曼村、副营长韩子恒率部进驻陶唐口一带，开辟小清河以北抗日根据地。可以说民国二十九年（1940 年）至民国三十年（1941 年）间，青城县处于日伪政权、国民党政权、共产党政权分治状态。其中日伪政权控制着以县城为中心的区域，国民党和共产党则分别控制县城以外的乡村。由于日伪控制区流通日伪币，民主政权控制区实行取缔土杂钞的货币政策，故青城县金融流通券仅仅流通于国民党县政府控制的狭小区域内，且流通时间不长。

清代，高苑、青城金融市场流通的货币为银两、制钱、铜元、银元。银两，即白银。市场流通的有元宝，亦称船银、马蹄银，均 50 两 1 锭；元锞，10 两 1 锭；碎银有 1 两和半两重者，后被银元取代。制钱，为方孔圆形，系黄铜铸造。本地市场流通的制钱有自顺治至宣统清代的历朝通宝，有大小轻重之别，每枚小制钱为一文。铜元，中间无孔，又称“铜板”。本地流通的铜元正面有“光绪元宝”四字，背面为蟠龙纹，每枚重库平二钱，当制钱十文，每百枚换银元一枚。另有当一文、二文、五文、二十文的铜元。银元，清光绪年间本地始有银元流通，俗称“龙洋”。清宣统二年（1910 年），规定银元为本位币，每枚重库平七钱二分，含纯银九成。此后，高苑、青城市场交易以银元为主。

民国三年（1914 年），北洋政府仍定银元为国币。本地流通的有孙中山头像及袁世凯头像银元，并有铜元辅之。之后流通货币主要是银元和中央银行、交通银行、中国银行的钞票与山东省库券、铜元票。

1935 年，国民党政府实行白银国有，以“中央银行”、“交通银行”、“中国银行”三种纸币为法定货币。后中国农民银行亦有发钞权。本地市场流通以上四大行纸币和山东省民生银行纸币，但市场交易仍暗流银元，初期，四大行纸币与银元等价，1939 年后，市场通货膨胀，法币贬值。

1939 年起，本地解放区开始流通民主政权发行的北海币。1940 年，日伪政府由“中国联合准备银行”发行伪币，与法币同时流通。1948 年 12 月，成立中国人民银行，发行使用人民币。

（李银）

沂源县属地钱庄票及流通过的地方票

一、地理位置及区域变迁

沂源县位于山东省中部，东靠临朐，东南与沂水毗邻，西依莱芜，西南与新泰接壤，南连蒙阴，北与博山、淄川相望 。

虽然“沂源”地名出现较晚，但沂源县属地却历史悠久，自古分属其他县治。到元朝时，沂源大部地域属莒州沂水县，北部属青州临朐县，西南部初属新泰县，仁宗皇庆二年（1313 年）改属蒙阴县。 明朝时仍分属以上 3 县。清雍正八年（1730 年），沂水、蒙阴 2 县改属莒州，临朐仍属青州，沂源地域仍属以上 3 县。民国时期，沂源地域仍分属沂水、蒙阴、临朐 3 县。1940 年至 1944 年 4 月，沂源地域先后分属中共新蒙、博莱、沂北、沂中、蒙阴、新泰、沂水、临朐等县。

1944 年 4 月，为加强沂（水）、蒙（阴）、临（朐）三县边缘地区的领导，巩固、扩大沂蒙山区抗日根据地，中共鲁中区委决定在这一地区建立一个新的县级政权建置。在给新县确定名称时，有人提议叫鲁阳县，有人提议叫鲁山县，还有人提议叫三合县，后经即将被派往这一地区组建新县的边一峰提议，由罗舜初、高克亭决定，将这一新县定名为沂源县。区党委委派边一峰率鲁中整党工作团进驻蓬庄，筹建沂源县县委。5 月初，中共沂源县县委在沂水县八区北张良村（今属沂源县悦庄镇）正式成立，对外称八路军驻沂源办事处。边一峰任县委书记兼组织部长。12 日，召开各界人民代表会议，宣布中共领导的沂源县抗日民主政府、沂源县参议会成立。至此，沂源始为行政区。成立之始，沂源县仅有新收复的原沂水县八区，八区时辖悦庄、南麻、神清宫、石桥四乡。建县后重新进行区划，全县共建立 6 个区：以悦庄为中心的青山区（后改为青龙区）、以南麻为中心的历山区、以南北安乐为中心的安乐区、以大泉为中心的大泉区、以文坦为中心的文坦区（今三岔乡）、以太平庄为中心的太平区。6 月，临朐县境西南部的第五区璞丘、万全两乡的 32 个自然村，亦划归沂源县。1945 年 3 月，博莱县鲁村（原蒙阴属地）等地，划归沂源县；8 月，沂源县隶属沂蒙专署；10 月，新蒙县（原蒙阴境） 张（庄）、黄（庄）区划归沂源县。1950 年 5 月，改属沂水专区。1952 年 1 月，莒沂县四区（韩旺） 和沂水县十六区（东里）及十七区（金星）的部分乡划归沂源县。1953 年 8 月，沂水专区撤销，沂源县改属临沂专区。1957 年 8 月，因修建张家坡公社北店子水库，临朐县撑子峪村划归沂源县。1967 年 9 月，临朐县修建嵩山水库，沂源县王家圈、上庄、腰庄、下庄4个自然村划归临朐县。此后县界基本稳定。1978年7月，隶属临沂地区行政公署。1990年1月1日，沂源县由临沂地区行政公署划归淄博市。

二、1944年以前沂源的商贸概况

沂源县是沂河、弥河、汶河的发源地，境内水资源丰富，但因地势高，有众多山崮，清末民初，境内交通闭塞，商贸总体不兴。仅东南一隅如东里店等地商贸繁盛。

民国初年，沂源境内私营商业经营的商品，日用工业品约占半数。品种主要有布匹、绸缎、卷烟、火柴、瓷器、成衣、食糖、煤炭等，且多数由济南、青岛、张店、博山、青州等地运进。进货结算办法多系现钱交易，也有临时赊欠，卖后付款，但数量很少。至抗战前，较大的商号有80多家。

1938年5月，日军侵占沂源后，各路设卡，进货渠道全部中断，商号倒闭颇多。特别是1939年日军轰炸东里店，炸毁商号50余家。其他20余家多集中在南麻、三岔店、璞丘、安乐、白峪等集镇大村。

附1944年前沂源部分主要商号统计表

字号	掌柜	处所	行业
长顺	朱振福	南麻	丝绸
源兴太	高会功	南麻	缫丝兼酒店
恒太	朱照远	南麻	日用杂货
仁和酒店	耿京忠	南麻	酒店
义顺堂	梁某	南麻	布匹成衣
和盛增	刘存常	南麻	旅店
德盛永	丁学勤	南麻	布匹、印染、代办邮寄
德育堂	孙怀训	南麻	药店
万益堂	张某	南麻	药店
中和堂	魏瑞清	南麻	药店
增寿堂	赵焕仁	南麻	药店
好生堂	王存效	南麻	药店
兴盛永	刘存兴	南麻	放债
永来东	魏云祥	南麻	药店
鸿太	王鸿图	三岔店	纺织杂货
裕太	王鸿斌	三岔店	粮食兼纺织品
庆祥永	窦修甫	三岔店	酱园
裕厚祥	刘长春	璞丘	丝织纺织品

1944 年沂源解放后，虽部分商行复苏，但经营品种单调，货源不足，工业品更为罕见。建县以前，蚕丝、大麻、干鲜果、猪、牛、羊、蛋、山蝎、中药材等由私商经营。1946 年成立沂源县生产推进社，经营粮食、花生、烤烟、皮棉、畜产品、干鲜果等近百个品种。解放前，沂源境内的饮食业，集中在南麻、鲁村、东里等集镇，多系小饭店和熟食户，肩挑叫卖，小本经营者占大半。1938 年日军侵入境内，饮食生意趋于绝迹。1944 年解放后，饮食业逐渐兴旺，仅南麻就有 10 多家，从业人员 50 多人。

三、沂源属地发行的钱庄票概况

沂源县名取之于民主政权，早先并未有此称谓，不像沂南县，虽然也是民主政权建立的县，但沂南地名早已有之，只不过之前的沂南不是沂南县而已。因此沂源县建县前，虽然其属地各银号、钱庄、商号曾经大量出钱贴代替货币流通，但不会有以“沂源”为地名的钱贴。而山东民主政权所属各地，均实行取缔土杂钞的货币政策，不允许个人出票子，所以，沂源建县后，也不会有以沂源为地名的钱贴。

沂源属地发行的钱庄票，是指沂源建县前，其分属沂水、蒙阴、临朐三县地方的银号、钱庄以及商贸字号等发行的钱票。目前尚未发现清代及以前发行的钱票，史料也无这方面的记载。步入民国后始有钱贴出现，尤以 1940 年后沈鸿烈主政时期，市面辅币奇缺，各银号、商会、商店乘机出钱贴子代替货币流通，后被国民党政府取缔。理论上，前述几十家大商号均有发行钱贴的可能，算上小商号，发行钱贴的字号当不下百家。随着岁月的流逝，如今流传下来的仅数种而已。

四、沂源属地曾经流通过的地方发行的纸币

沂源县属地早先分别归属沂水、蒙阴和临朐县。民国时期，其境内除了流通四大行纸币、各种商业银行纸币、山东政府发行的各类纸币、北海币以及日伪币外，在归属沂水、蒙阴和临朐的地方，还分别流通沂水县、蒙阴县和临朐县官方发行的纸币。如沂水县地方财政处民国十五年（1926 年）铜圆手票贰吊券，沂水县政府发行的民国十八年（1929 年）沂水预借附捐券贰圆券，蒙阴县经济委员会发行的民国二十九年（1940 年）临时救济抵粮券贰圆券，临朐县商业临时兑换所民国十九年（1930 年）壹角、贰角、叁角券及民国十八年（1929 年）伍角券，临朐民国二十一年（1932 年）丝业救济券叁圆、伍圆券等。由于沂源县属地大部分是从沂水县划出的，因此民国时期沂水官方发行的纸币尤其值得一提。沂水县地方财政处铜圆手票，系沂水县财政处为解决县财政困难，于民国十五年（1926 年）3 月份，以沂水县当年粮银附捐作抵押发行的，面额仅有贰吊一种，前后发行三次，每次发行 10 万枚，总发行量为 60 万吊，并于次年开始陆续回收。民国十七年（1928 年）秋季沂水县遭受重大蝗灾，沂水县政府为缓解“财政奇绌”，于民国十八年（1929 年）3 月 1 日发行沂水预借附捐券，亦是以钱粮附捐做抵，面额有壹圆、贰圆、伍圆三种，发行总额 4 万元，民国十九年（1930 年）起，陆续收回。

（李银）

张店的沿革和钱庄号

张店区是淄博市的中心城区，位于淄博市中部，是全市政治、经济、文化、金融和科技中心，属于山东半岛对外开放区、环渤海经济发展带、半岛城市群。东与临淄相接，西与周村毗连，南与淄川接壤，北与桓台为邻。张店区东西最大横跨24.5公里，南北最大纵距21.1公里。

张店古称“黄桑店”，史前时期属大汶口文化、龙山文化蔓延地带，历史积淀丰厚。战国时燕将乐毅受封于此，建立“昌国”。秦朝昌国城属齐郡昌国县，西汉时仍称昌国县，属青州齐郡。隋唐以后，昌国县废，不载于史。辽金时，张店一名出现，属淄川县。清至民国时期属桓台县。1955年4月，张店区正式成立，为淄博市辖区之一。

由于张店区成立很晚，此前属桓台管辖，其周边地区分别为桓台、长山、淄川、益都四县所辖。胶济铁路开通以前属于偏远地区，其钱庄票号较少，较为有影响的只有6家，张店在1946年至1948年间几次解放。国民党军占领期间复业的银号张店只有公德顺一家，带张店地名的地方票难得一见。

张店钱庄号列表

庄　号	地　址	开设年份	资　本
裕泰永	二马路	1916年	8000元
东来兴	大马路	1920年	5000元
增祥福	二马路	1921年	10000元
同业银号	二马路	1929年	7000元
德通银号	二马路	1933年	15000元
公德顺	不　详	不　详	不　详

（陈旭）

北海银行临淄地下印刷所现状调查与研究

一、北海银行临淄地下印刷所基本概况

北海银行是中国人民银行前身组成银行之一，是抗日、解放战争时期我党领导下的根据地创建的代表性银行。它于 1938 年在山东掖县（现莱州市）创办，后在胶东抗日根据地发展壮大，逐步成长为遍及山东各抗日根据地的中国共产党银行，从抗战日战争到解放战争，在山东及周边地区建立了以“北海币”为本位币的独立的货币体系。

1939 年下半年，益（都）、寿（光）、临（淄）、广（饶）四边县委，为了把经济命脉掌握在人民手中，解决人民政府、军队以及人民生产、生活的物资急需，根据上级的指示，委托益都县城私人经营的“益济印刷局”秘密印刷了“益寿临广四县边区流通辅币”，共有五分、壹角、贰角、伍角 4 种券别。

随着抗战形势的发展，使用这种方式发行货币，越来越不适应人民生产、生活的需求和抗日民主政权的巩固。清河地委根据当时的形势和上级指示，经山东北海银行同意，于 1940 年 6 月 1 日在寿光县抗日根据地成立了北海银行清河分行。因时逢国民党在全国发动了第一次反共高潮，日伪合流，相互勾结，扫荡、蚕食和封锁抗日根据地，因此，虽然成立了北海银行清河分行，但印制北海币仍为一个十分艰难的事。必须选择一个党组织坚强，群众基础好，地处偏僻，隐蔽有利的地方，建立钞票印刷机构。根据上述条件，四边县委提议将印刷所设在临淄县第二区雪宫乡（现皇城镇）许家庄。经清河地委和专区研究，认为设在临淄县较为适宜。其一，临淄的环境较好，敌人虽设有呈羔、岳家、桐林、店子、石棺等据点，但驻有日伪军不多，抗日根据地连成一片。其二，许家庄条件好，七七事变后，该村抗日救国会、自卫团、儿童团等抗日群众组织都建立齐全，中共党员共有 34 人，使印刷所的建立有可靠的组织保证。其三，该村地理位置好，位于淄河东岸，有自然屏障，极有利于掩护、保卫。其四，该村地质特殊，虽靠近河床，但地势高，水位低，约有 15 米左右的黄土沉淀层，坚实而干燥，不易坍塌。太平天国期间，为躲避战乱，曾有一富户在地下 10 多米深处，挖了一条约高 1.5 米、宽 2 米、长 1500 米的地道。时隔 80 多年还基本完好。因此，这条地道是建设地下印刷室的理想之地。

北海银行临淄地下印刷所于 1940 年 7 月筹建，由清河专员公署财政处审计员商质卿同志具体负责，由四边办事处委派寇兰生同志协助，与许家庄党支部周密研究后决定，由共产党员、行政村长许茂智同志负责，发动群众，利用旧地道为清河分行建立一处地下纸币印刷所。四边县办

事处从敌占区搞来了水泥和其他紧缺材料，共产党员自卫团长许绍先同志提供砖，组织人员昼夜施工，至10月下旬，基建工程基本竣工。竣工后印刷所的总体布局分两室：一是印刷车间，二是休息室。印刷车间有2米多高，约20平方米，弧形顶，用砖发券。深度大约在地面和水皮的中间部位，距地面约5米，距水皮约4米。印钞室北头挖了一间土屋作为辅房，供存放临时物品和休息用。整个印刷所有4个地道口，1号至4号地道口约有100米的距离，2号地道口至大街约90米的距离。1号、3号地道口在村内，2号、4号地道口在村外。1号地道口设在许同方家的西屋里，平常用一口棺材盖着，这是工作人员上下班的通道。2号地道口在许同方家的后园子里，是施工、运输物资的主要道口，地道口做成一个枯井的样子，又是在村外的空闲园子里，不会有人注意。3号是一个古地道口，在楼底下。该楼原来有三层高，为避免日军用楼来修据点，拆掉了一层。又因修印钞室用砖，又拆了一层。该地道口埋在碎砖里，基本不用了，若不了解这些情况的人，根本找不到。4号地道口在风道口大道旁边一眼有水的井里，井旁有一棵大槐树，遮得井里阴森森的，看不见洞口，该地道口是通风和应对紧急情况用的。

下图为许呈祥、许玉先口述，由许炳章所绘平面图。经我们2010年3月31日与许玉先等村民再三核实，认为此图基本反映了地下印刷所构造。

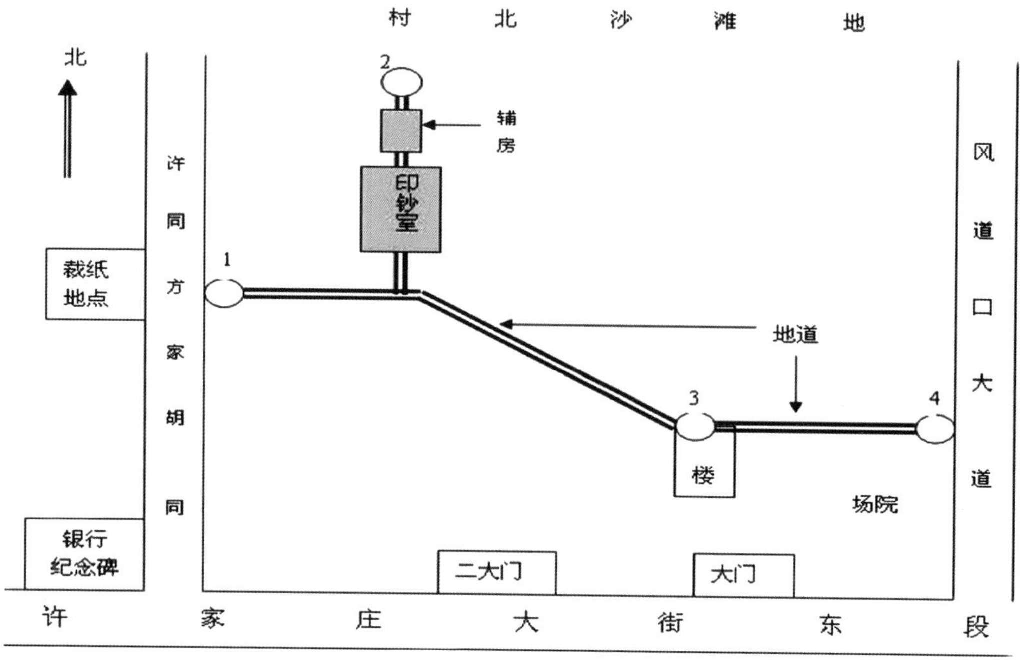

据调查（重新走访许玉先老同志并再三核实）及许呈祥、许玉先口述，许炳章执笔所撰文章，北海银行临淄地下印刷所从临淄县第二区雪宫乡（现皇城镇）许家庄迁走的确切时间是1941年2月10日（正月十五）晚上。

二、北海银行临淄地下印刷所现状及调查成果

2010年3月31日，为了进一步摸清北海银行临淄地下印刷所现状和调查了解当时的几个问题，

市区两级人民银行会同市区两级文博部门一行10余人到临淄区皇城镇许家村进行了实地考察。

在北海银行临淄地下印刷所原址，地表原建筑已完全拆除，没有保留任何原貌建筑。所有洞口已全部封堵且没有留下任何痕迹。从地面来看没有任何塌陷迹象，由此判断地下印刷车间应保存完好。通过考察调查我们得出的结论是：

（一）北海银行地下印刷所保护还停留在初级阶段。除了1984年被淄博市人们政府公布为重点文物保护单位以外，直至现在没有采取任何其他保护性措施，也无任何保护经费来源和保护方案。

（二）开发停留在原始阶段。截至目前还没有任何开发意向和规划。当时的器物、器皿、工具、设备还没有进行保护性收集征集，图片、照片、录音、录像等也没有进行抢救性采集。

通过考察和采访进一步明确了以下几个问题：

（一）印制机器为脚踏动力半自动印钞机2台，一版4张，用64开道林纸双面印刷而成。

（二）当时印制的北海币流通基础非常好，信誉较高，购买力较强，3.6角～3.7角可购买一撇小麦（一撇约等于33市斤）。

（三）北海银行临淄地下印刷所工作运行时间已核实明确，具体时间为1940年10月～1941年2月。

（四）当时工作人员基本核实清楚，地下印刷所所长是商质卿，会计是李志让、李卓庭等人，工作人员有寇家庄的小寇、于家庄的小于等，伙房工人是郑家辛庄的老李及本村临时帮助人员等，参与人员共20余人。

三、结论

临淄地下印刷所印制的“益寿临广流通辅币”，票面本身并没有“北海银行”字样，而从起源来讲，“益寿临广流通辅币”应属于地方根据地边币。1940年6月1日清河地委经山东北海银行同意，在寿光县抗日根据地成立了北海银行清河分行，因此，“益寿临广流通辅币”很自然地成为北海银行货币体系的组成部分。临淄地下印刷所是1940年7月开始筹建，应是北海银行清河分行的组成部分，因此，称之为北海银行临淄地下印刷所没有异议，所印制的货币亦属北海币。但由于印刷所持续沿用“益寿临广流通辅币”原版，因此，所印制的货币应是根据地边币嫁接而成的北海银行货币。

（张 光 石海涛 孙永行）

解析淄博地区流通过的两种边区货币

一、长山金融流通券

1937年12月26日，中共山东省委派出的姚仲明、廖容标等人在长山中学校长马耀南的协助下，组织了黑铁山（即现在淄博市张店区黑铁山）抗日武装起义，成立了山东人民抗日救国军第五军。四邻各县的抗日武装纷纷加入第五军，1938年6月，第五军改编为八路军山东人民抗日游击队第三支队，马耀南任支队司令员，开辟了以邹平、长山为中心的清河抗日根据地。1940年春，长山县民主政府“因救济春荒，补充辅币，消灭伪钞，而与敌伪作经济斗争，发行壹、贰、叁、伍角四种金融流通券，数额两万元，以贷款方法推行民间”。后来又发行两批，数额均不大。后由北海银行负责收回。长山金融流通券在清河抗日根据地西部的长山、桓台、齐东、高苑等县流通，使“乡村金融顿呈活跃，且民众认为是‘自己的票子’，信用极有保证，毫无折扣情形”，有力支援了清河抗日根据地的开辟。遗憾的是至今没有发现长山金融流通券实物。

二、益寿临广流通辅币

2010年3月31日，为进一步了解北海银行临淄地下印刷所的情况，由市区两级人民银行会同文博部门，一行10余人到临淄区皇城镇许家村进行了实地考察，并走访了当时参加修建地下印刷所的许玉先老人。其具体调查详情已写成《北海银行临淄地下印刷所现状调查与研究》一文，较详尽地介绍了地下印刷所的建筑构造和益寿临广流通辅币的印制情况，今收入本书中，不再赘述。益寿临广流通辅币四种券别至今已难得一见，特别是五分券，目前国内仅见十枚左右，已成为山东抗日根据地货币中的珍品。

这些票券的产生，是有其鲜为人知的政治军事背景的，据《中国地方银行史》、《中国革命根据地印钞造币简史》所载，早在1938年1月，日寇侵占益都县城之后，山东共产党人在胶济铁路以北、小清河两岸地区纷纷发动起义，于1938年7月组建了八路军山东人民抗日游击第三支队。其中临淄的三大队、广饶的九支队、益都的十支队等抗日武装合并改编为第三支队十团，坚持游击战争，开辟抗日根据地，团长为李人凤。1939年下半年，清河地区东部各县包括益（都）、寿（光）、临（淄）、广（饶）四县边区联防抗日民主政府先后成立。还在清河分行成立之前，为筹措军费，活跃乡村商品流通，李人凤指派寇鉴堂以益寿临广四县边区抗日民主根据地之名，委托益都城益济印刷局（私局）秘密包印了益寿临广流通辅币，共十万元。是通过傅子方同益都益济印刷局韩庆荣、汲永顺协商，委托益济印刷局秘密印刷票子，当时确定印刷壹角票和贰角票，由王伯和用当地小票和冥币等拼版印刷。此时在城里给八路印刷票子，是名副其实的“地下印钞厂”，很危险。印了很短时间，汲永顺有些害怕，不想再印了，于是在1939年1月，由傅子方到益济印刷局同王伯和商定，寻找时机把印刷机运到根据地去印制。不久，四边政府购买了益济印刷局一部脚踏圆盘机及部分印刷材料，这样就在1939年2月一个夜晚，拆卸一部印刷机，从日伪占领下的益都城运到广饶县李瞿村，在一处草房的地窖里建成印刷厂，开始自行印制流通券。继续印制原版壹角票和贰角票，并又开始新印制五分票和伍角票两种。当时在既无政府委托又无银行承办的情况下，为了取得社会的承认，商定交由当地有名望的商号加盖印章后发行，以保证兑换，保持信用。担保商号有白兔丘的信昌公司、石佛堂的益兴永等。开始在益寿临广四县边区流通，不久则流通到桓台、长山和邹平等县，成为北海银行清河分行成立之前该地区抗日根据地的通用货币。以前包印的十万元，除印钞厂购买材料需用一部分外，大部分作了党政军的经费开支，充作抗战的财源。

1940年5月，清河行政专员公署成立后，李人凤任专员，6月1日，将四边政府印制流通辅币的工人和机器全部接收，并在临淄许家庄，利用村自卫团长许绍先住宅地下10余米处清代遗留的高1.5米、宽2米、长1500米的旧地道，7月至10月间，秘密修建了清河地下印刷所，由清河专署财政处审计员商质卿负责，又继续印制益寿临广流通辅币50万元。以前印刷的辅币券，其背面有主任和课长的英文签字，此时印刷的辅币券，在背面盖印“清河续印”替代签名，其流通范围由清河东部地区扩大到清河专署所辖各县。地下印钞所处在敌占区，日伪的据点和炮楼就在附近，印刷材料都是通过地下工作者从周村、张店、济南购买，秘密运进来。印制的流通辅币券也是采用各种方式，安全隐蔽地带出去发行流通。“益寿临广流通辅币”在清河地区流通约两年9个月，解决了当地辅币不足的困难，颇受群众欢迎，成为清河抗日根据地的人民货币。至1943年，由北海银行清河分行以北海币收兑了益寿临广流通辅币。

如果从目前发现的实物与文献资料加以对比解读，其历史信息就会更加清晰明确。

1. 五分券：正面红色，上端有“益寿临广流通辅币”字样，左边椭圆框内有房屋、尖顶塔楼、树等图案，右侧有“五分”面值，四角花框内上面为“五”字，下面为“分”字，左右两边分书“一律通用”、“公私款项”八字，右侧面值下方有“主任之章”、“课长之章”的小方印；背面蓝色，上端有拼音“Y. S. L. G. LIOU TONG FUU BII”，中间有房屋塔楼小船等图案，右侧印有“伍拾角兑法币伍元”字样，左侧为红色57041五位数编号，下端有两个英文签名，四角有“谨、防、假、冒”四字，票幅长11厘米，宽6.3厘米。

2. 壹角券：正面蓝色，背面棕色，除面值及其边花外，其他与五分券同，四角花框内皆为“壹”字，背面左侧为红色146093六位数编号，票幅长11.2厘米、宽6.3厘米。

3. 贰角券：目前发现两种，一种是除面值外，其他皆与壹角券同，背面左侧为45656五位数编号，票幅长11厘米，宽6.1厘米。另一种是正面蓝色，面值外的边花与第一种不同，四角花框内上为“贰”字，下为“角”字，背面紫色，下端加印“清河续印”四字代替了英文签名，右侧印有“每拾角兑国币壹圆”字样，左侧为红色0019042七位数编号，四角有“20”字样，票幅长 10.4 厘米，宽 6.4 厘米。

4. 伍角券：正面蓝色，字为黑色，背面绿色，除面值不同外，其他图案与贰角券同，左侧为红色 110810 六位数编号，票幅长 10.2 厘米，宽 5.6 厘米。

我们从以上这些实物资料可以获得如下历史信息：

1. 五分、壹角及第一种贰角券票幅大，续印贰角、伍角票幅小。低面值票幅大于高面值票幅，说明两者发行的时间和地点不同。

2. 两种贰角券不论从票幅还是版式甚至编号上都存在着明显的差异，说明两者不是同时同地发行。

3. 五分、壹角及第一种贰角券加盖“伍拾角兑法币伍元”，说明其发行于法币通行时期，续印两角、伍角加盖“每拾角兑国币壹圆”，说明其发行于国币通行时期。

4. 从数字编号可以说明五分发行量最少，续印两角发行量最大，壹角、第一种贰角和伍角发行量相当。

通过解读益寿临广流通辅币所透露的历史信息，我们基本了解其产生、发行和印刷的过程，纠正了文献中的一些偏差和错误，确认了四种辅币不同的发行时间和地点，又如通过壹角券、第一种贰角券的编号推断它符合首批印制 10 万元的记载，贰角、伍角券的编号及加盖“清河续印”又符合扩建成清河分行印钞厂后，又继续印行 50 万元的记载等。纸币的颜色与文献记载有所偏差。另外，至今仍未发现记载中所说的广饶印刷的伍角券，这有待于今后发现实物来印证。

三、结语

长山流通券和益寿临广流通辅币是我抗日根据地发行的地方票，在特殊时期、特定环境下又成为北海银行的特殊币种，它为北海币的发行与发展打下了良好的基础，满足了抗战时期人民生产、生活的需求，为抗日民主政权的巩固起到了不可磨灭的作用。

益寿临广流通辅币票版别、品种主要区分

<table>
<tr><th colspan="2">区分 县名
面额</th><th>益　都</th><th>广　饶</th><th>临　淄</th></tr>
<tr><td rowspan="2">伍分</td><td>正面</td><td>未发行</td><td>①四边角上印“五”下印“分”
②红色
③ 110×64mm</td><td>未发行</td></tr>
<tr><td>背面</td><td>未发行</td><td>①四边角印“谨防假冒”
②右印“伍拾角兑法币伍圆”
③左印数码流水号
④下左右印英文签字
⑤蓝色</td><td>未发行</td></tr>
<tr><td rowspan="2">壹角</td><td>正面</td><td>①四边角均印有“壹”字，无“角”字
②绿色
③ 113×64mm</td><td>（同益都版）</td><td>未发行</td></tr>
<tr><td>背面</td><td>①四边角印“谨防假冒”
②右印“伍拾角兑法币伍圆”
③左印数码流水号
④下左右印英文签字
⑤棕色</td><td>（同益都版）</td><td>未发行</td></tr>
<tr><td rowspan="2">贰角</td><td>正面</td><td>①四边角均印 有“贰”字，无“角”字
②棕色
③ 110×62mm</td><td>（同益都版）</td><td>①四边角上印“贰”字 下印“角”字
②蓝色
③ 106×60mm</td></tr>
<tr><td>背面</td><td>①四边角印“谨防假冒”
②右印“伍拾角兑法币伍圆”
③左印数码流水号
④下左右印英文签字
⑤绿色</td><td>（同益都版）</td><td>①四边角印阿拉伯数字“20”
②右印“每拾元兑国币壹圆”
③左印数码流水号
④下左右印“清河续印”
⑤紫色</td></tr>
<tr><td rowspan="2">伍角</td><td>正面</td><td>未发行</td><td>（应有而未见实物）</td><td>①四边角 上印“伍”字 下印“角”字
②蓝色
③ 108×60mm</td></tr>
<tr><td>背面</td><td>未发行</td><td>（应有而未见实物）</td><td>①四边角印阿拉伯数字“50”
②“每拾角兑国币壹圆”
③左印数码流水号
④下左右印“清河·续印”
⑤绿色</td></tr>
</table>

（陈旭）

参考书目

杨润甲:《山东金融志》, 山东人民出版社1996年版。
张光明、陈旭:《周村商埠印信研究》,远方出版社2009年版。
淄博市志编纂委员会:《淄博市志》,中华书局1995年版。
中国钱币学会编:《中国钱币论文集》,中国金融出版社2002年版。
李玉清:《百年商埠周村》,青海人民出版社2004年版。
(清)张鸣铎:乾隆四十一年《淄川县志》。
韩昆山:《黄桑古韵》,中国国际艺术出版社2005年版。
孙永行:《临淄地方币》,齐鲁书社2013年版。
孙守源:《山东革命根据地货币史》,中国金融出版社2009年版。
石长有:《民国地方钱票图录》,中华书局2002年版。
《重修新城县志》,济南平民日报社民国二十二年(1933年)。
临沂地区史志办公室编:《临沂百年大事记》,山东人民出版社1989年版。
桓台县地方史志编纂委员会编:《桓台县志》,齐鲁书社1992年版。
淄博市博山区区志编纂委员会编:《博山区志》,山东人民出版社1990年版。
沂源县史志编纂委员会编:《沂源县志》,齐鲁书社1996年版。
高青县地方史志编纂委员会编:《高青县志》,中国社会出版社1991年版。
殷毅:《中国革命根据地印钞造币简史》,中国金融出版社1996年版。

附录一

直隶总督袁世凯等为添开济南潍县及周村商埠事奏折

光绪三十年三月十六日

北洋大臣·直隶总督袁世凯、头品顶戴·山东巡抚臣周馥跪奏，为查明山东内地现在铁路畅行，拟请添开商埠，以扩利源，恭折仰祈圣鉴事。

窃臣馥于光绪二十九年八月二十日，承准外务部抄咨议复商约大臣吕海寰等条奏近今要务折，内开辟商场一条，令由各省督抚饬所属详细查勘。如有形式扼要，商贾荟萃，可以自开通商口岸之处，随时奏明请旨开办一折，奏奉朱批：依议。钦此。钦尊。咨行到东。当经通饬所属，详细查勘。兹据山东司道查明，具复前来。由臣馥与臣世凯往返函商详加查核。

查得山东沿海通商口岸，向只烟台一处，自光绪二十四年德国议租胶澳以后，青岛建筑码头，兴造铁路，现已通至济南省城，转瞬开办津镇铁路，将与胶济之路相接。济南本为黄河、小清河码头，现在又为两路枢纽，地势扼要，商货转输较为便利。亟应援照直隶秦王（皇）岛、福建三都澳、湖南岳州府开埠成案，在于济南城外自开通商口岸，以期中外咸受利益。

至省城迤东之潍县及长山县所属之周村，皆为商贾荟萃之区。该两处又为胶济铁路必经之道，胶关进口洋货、济南出口土货，必皆经由于此。拟将潍县、周村一并开作商埠，作为济南分关，更于商情称便，通归济南商埠案内办理。相应请旨，敕下外务部核议具奏。俟议准后，先行照会各国驻京使臣查照，再由臣等将划界设关及一切应办事宜，督饬山东司道并东海关、胶海关各监督、税司等妥议章程，酌定开办日期，分别奏咨办理。

所有查明山东内地情形，拟请添开商埠各缘由，谨合词恭折具奏，伏乞皇太后、皇上圣鉴训示。谨奏。光绪三十年三月十九日奉朱批：外务部议奏。钦此。

附录二

周村钱业公所建修记

周村，吾邑名胜地也。余生于古鱼子沟之北岸，凡村中街巷，幼时游历殆遍。后奔走红尘三十载，今老矣，游倦归来。一日晨起，经过丝市街，见街之南有甲第一区，鸟革翚飞，轮焉奂焉。其中人声喧哗，沸腾耳鼓。问之邻人曰：此银市也，今定名曰钱业公所。比回寓，日晡后，有钱业公所董事者请于余曰：先生知公所之所有来乎？我钱业家之有银市，由来已久，惟朝迁暮徙，漫无定所。前人之创修者屡矣，旋作旋辍，蹉跎数年，终无成就。至民国六年，始购定丝市街路南地址一所，前院原有过屋三间，东楼二间，大门、二门各一。余皆卑陋草舍，佥拟拆除改建。越二年动工，先修过厅三间，继修屏门一座，南大厅三间，东西穿廊各一，中院东厅子二间。经二三年之缔造，始竣其工。董其役者，惟卢梅村、杨西斋两先生之力居多。

公所既成，我同行公推正副会长并董事若干人，增定新旧行章若干条，规模粗具。又恐日久无考，愿将地基数目，周径岔阔绘图说明，以及建筑需款若干，列碑后以垂永远。言毕，余曰：谚云："事成有时。"遂将董事之言聊加诠次，以志不忘云尔。

邑人　苏玉堂　撰并书丹

中华民国十一年岁次壬戌小阳月中浣

附录三

华东区管理私营银钱业暂行办法　华东区私营银钱业申请登记验资办法

華東區管理私營銀錢業暫行辦法

中國人民銀行華東區行公佈
一九四九年九月一日

第一條　為穩定金融扶植生產保障社會正常信用特制定本辦法

第二條　本辦法所稱私營銀錢業係指私人資本經營之銀行信託公司銀號錢莊而言

第三條　華東軍區司令部授權華東財政經濟委員會為華東區管理私營銀錢業主管機關並指定各地中國人民銀行為各地銀錢業之管理檢查機關協助各級政府管理銀錢業事宜

第四條　私營銀錢業以經營下列業務為限

一、收受各種存款
二、辦理各種放款及票據貼現
三、解放區境內匯兌及押匯
四、票據承兌
五、工礦交通公用文化事業之投資
六、代理收付款項
七、經特許之解放區外及國外匯兌
八、經核准之保管倉庫業務
九、經核准之信託儲蓄業務
十、其他經中國人民銀行指定或委託辦理之業務

銀號錢莊不得經營上列第七、九兩款業務

第五條　銀錢業不得經營下列業務

一、為公私商號或其他銀錢業之股東（本辦法允許之投資除外）
二、收買或承押本行莊之股票
三、購買非營業所必需之不動產
四、兼營商業囤積貨物或代客買賣

五、設立時賬或作不確實之記載
六、簽發本票
七、收受軍政機關及公營企業之存款
八、金銀外國貨幣之買賣或抵押
九、其他未經批准之業務

第六條 凡銀行信託公司銀號錢莊等須在限期內（自本辦法公佈日起上海爲一個月上海以外地區爲一個半月）將所訂之章程載明下列各項呈請當地政府轉呈華東財政經濟委員會經核准登記發給執照後方得營業已經營業不准登記者應即停業限期清理

一、名稱
二、組織及地址
三、資本總額
四、業務範圍及營業計劃
五、有限責任或無限責任
六、董監事及經理人姓名籍貫簡歷股東名冊

第七條 凡不遵照前條規定而擅自營業之非法金融機構除查封外並予以必要處分

第八條 除銀錢業外其他公司行號私人等均不得經營存放款匯兌貼現等業務違者視其情節輕重論處

第九條 銀錢業之資本額依下列三種不同地區分別規定爲

一、上海市 銀行信託公司 一億元——二億元
錢　莊 六千萬元——一億二千萬元

二、青島濟南南京無錫杭州鄞縣六市縣
銀行信託公司 四千萬元——八千萬元
銀號錢莊 二千五百萬元——五千萬元

三、華東區其他各地
銀行信託公司 一千萬元——二千萬元
銀號錢莊 五百萬元——一千萬元

銀錢業在不同市縣地區設立分支行處者每設一行處應依照所在地銀錢業資本標準百分之四十增加之總行所在地尚在待解放區者其分支行處資本額暫按照所在地銀錢業資本標準百分之六十計算

第十條　銀錢業資本之構成其現金部份不得少於前條各款規定之最低資本額（例如上海市銀行信託公司現金資本不得少於一億元錢莊資本不得少於六千萬元）超過資本最低額之資本得以房地產及其他經認可之財產構成之但房地產及經認可之財產總額最高不得超過其總資本額百分之五十

第十一條　凡在本辦法公佈前已經營業之銀錢業其資本額不足本辦法所定數目者限本辦法公佈後上海市一個月其他各地一個半月內補足之

第十二條　銀錢業股票應塡寫眞實姓名不得用花名或堂名

第十三條　銀錢業於奉准登記後進行營業時應將華東財政經濟委員會所給營業執照記載各款於其所在地公告之

第十四條　銀錢業之資金運用應限於有利於國計民生的生產事業及城鄉人民必需品之運銷事業且合法正當經營本業並加入當地同業公會或持有營業執照者不得因企圖獲得高利而以資金運用於投機操縱事業

第十五條　銀錢業信用放款數額不得超過存款總額之半

第十六條　行莊存入及拆給其他行莊之款不得超過其所收存款總額百分之二十但存入公營銀行者不在此限

第十七條　銀錢業所收存款應以現金繳存保證準備金於當地或就近之中國人民銀行其準備金數額依每週存款平均餘額按下列比率調整之

一、活期存款百分之七至十五

二、定期存款百分之三至八

前項比率中國人民銀行得視金融情況在上述幅度內隨時增減之

第十八條　銀錢業對存款應提存之付現準備金其最低比率如下

一、活期存款百分之十

二、定期存款百分之五

第十九條　銀錢業之存放款利率由銀錢業公會視當地市場情況擬訂呈請當地中國人民銀行核定之

第二十條　銀錢業對簽發支票人如在未超過存款額及約定之透支額時應見票即付如遇有簽發空頭支票情事應向當地中國人民銀行檢舉之

第二十一條　凡已經核准登記設立之銀錢業欲停止營業撤銷分支行處或變更名稱組織及合併與增減資本者須說明理由呈請當地政府轉報華東財政經濟委員會核准後始得辦理之

第二十二條　銀錢業不能支付其到期債務時當地政府得命其停業限期清理銀錢業發生破產或因他故不能繼續營業時應開列事由呈報當地政府經當地中國人民銀行檢查屬實當地行政公署（省或市府）批准並轉報華東財政經濟委員會備案方准停止

營業

第二十三條　銀錢業應按期造送下列營業報告表呈送當地中國人民銀行查核
一、各種存款放款週報表
二、每月終造報營業報告表及各主要科目明細表
三、營業年度終了造報
甲、營業實況報告表
乙、資產負債表
丙、損益計算書
丁、財產目錄
戊、盈餘分配表
在必要時中國人民銀行得隨時派員檢查其營業情形財產狀況及賬簿並得隨時指定編造有關報表

第二十四條　銀錢業有違反本辦法規定之行爲者得按其情節輕重予以下列處分
一、警告　二、處以罰金　三、令其撤換重要職員　四、停止票據交換　五、停止營業
凡有違反本辦法規定之行爲致影響市場安定危害人民生活者其經理人及直接負責人並應依法受刑事處分
以上有關刑事部份交由司法機關處理其一、二、三、四項得由中國人民銀行處理後報當地政府轉報華東財政經濟委員會備案第五項須報華東財政經濟委員會批准後處理之

第二十五條　本辦法自公佈之日起生效如有修正或增刪時得隨時公佈之

華東區私營銀錢業申請登記驗資辦法

一九四九年十月廿三日

一、本辦法根據華東區管理私營銀錢業暫行辦法第六條第九條第十條第十一條之規定訂定之
二、私營銀錢業申請登記驗資事項由當地或就近之中國人民銀行審查呈請當地政府轉呈華東財政經濟委員會核准後發給營業執照
三、凡在管理辦法公佈前已營業之私營銀錢業其申請登記驗資手續上海市限於九月二十日前其他各地限於十月五日前辦理完

竣逾期除經呈准者外不得再行申請登記

四、驗資手續概由總行向其所在地或就近之中國人民銀行彙總辦理總行在待解放區者由分支機構逕向其所在地中國人民銀行各別辦理

五、華僑資本經營之銀行其總行所在地在外國者應按總行標準補足資本

六、新設立銀行信託公司銀號錢莊者應由發起人擬具計劃書送陳設立地中國人民銀行審查呈經華東財政經濟委員會批准後方可進行籌備其登記驗資手續適用本辦法第九第十兩條之規定

上海青島濟南南京無錫杭州鄞縣七市縣暫不准新設已設立之行莊願意遷設內地城鎮者准照前項規定辦理

七、房地產與認可財產之種類及其估價標準規定如下：

（一）房產　按當地房地產公會所估價值七折計算當地無房地產公會組織者由當地商會估定之

（二）地產　按當地政府機關所估價值計算（按財政局徵收一九四九年下期地價稅所估之地價爲準）

（三）工礦交通公用文化事業投資　按時值七折計算

（四）黃金　以每兩合銀圓（袁頭）七十元按牌價折算

（五）銀元及外幣存單　按牌價計算

八、房地產及其他認可財產升值後除依照管理辦法第十條規定撥作資本外如有餘額得提充公積但不得折現分配

九、申請登記及驗資時除依照管理辦法第六條規定呈報外並應增報：

（一）申請登記前之營業實況（附日計表）

（二）上期決算損益情況（附損益計算書）

（三）總行所在地與國內外分支機構名稱地址及其設立年月負責人姓名

（四）驗資報告表

十、驗資報告表應填製一式三份連同應備文件增資現金及營業執照印花稅款繳送當地中國人民銀行製取驗資憑證

十一、繳驗之現金資本按中國人民銀行同業活期存款利率加倍給息行莊在驗資期內發生當日交換缺額無法補足時得以驗資憑證向中國人民銀行請求拆借每次以一日爲限每月不得超過三次

附录四

关于行庄申请登记验资补充办法

中國人民銀行山東省行

關於行莊申請登記驗資補充辦法

一九四九年十月二十三日

茲依據「華東區私營銀錢業申請登記驗資辦法」根據山東地區實際情況作如下之補充對「華東區私營銀錢業申請登記驗資辦法」中第二、三、六、七、十一、等項之規定須依照補充辦法辦理：

一、私營銀錢業申請登記驗資事項由當地或就近之中國人民銀行審查呈請當地政府轉呈山東省人民政府由山東省府轉呈華東區財政經濟委員會核准後發給營業執照

二、凡在管理辦法公佈前已經營業之私營銀錢業其申請登記驗資手續限於十二月七日前辦理完竣逾期除經呈准者外不得再行申請登記

三、新設立或願意遷設銀行信託公司銀號錢莊者應擬具計劃書送陳設立地中國人民銀行審查轉送當地政府轉呈山東省人民政府由山東省府轉呈華東區財政經濟委員會批准後方可進行籌備其登記驗資手續適用申請登記驗資辦法第九第十兩條之規定

山東境內暫不准新設已設立之行莊願意遷設本省其他各地城鎮者准照本條上項規定辦理

四、房地產與認可財產之種類及其估價標準規定如下

(一)房產　按當地房地產公會所估價值七折計算當地無房產公會組織者由當地商會估定之

(二)地產　按當地政府機關所估價值計算(按財政局徵收一九四九年下期地價稅所估之地價爲準)

(三)工礦交通公用文化事業投資　按時值七折計算

(四)黃金　按人民銀行牌價折算

(五)銀元及外幣存單　按人民銀行牌價計算(如當地銀行無此牌價可參照青島人民銀行牌價處理)

五、繳驗之現金資本按中國人民銀行同業活期存款利率加倍給息行莊在驗資期限內於必要時得以驗資憑證向中國人民銀行請求拆借每次以一日爲限每月不得超過三次

附录五

解放前淄博地区银行机构

时期	机构名称	性质	负责人	机构地址	开业时间	停业时间
辛亥革命后至抗日战争前	山东银行周村分号	官商合办	张崇德	周村	1913年	1926年
	中国银行周村分号	官商合办	马文丙	周村	1914年5月	1918年
	周村商业银行	商办	李敬斋	周村大街	1914年	1919年
	中国银行博山办事处	官商合办	郭彬、陈金生	博山宋家胡同	1932年7月	1938年
	山东民生银行周村办事处	官办		周村保安街	1933年10月	1937年
	中国银行张店办事处	官商合办	华昌治、嵇纯复	张店二马路	1934年4月	1938年
	交通银行张店办事处	官商合办	森屏翰	张店二马路	1934年	1938年
	中国银行周村办事处	官商合办	钱道康	周村长安街	1934年10月	1938年10月
	山东平市官钱局博山分局	官办	梁曰仁、刘梦云	博山	1933年	1937年
日伪时期	济南银行张店分行	日本人经营		张店	1938年	1945年
	济南银行博山办事处	日本人经营		博山		1945年
	朝鲜银行张店办事处	日本殖民地银行		张店杏园路	1939年	1945年10月
	鲁兴银行周村办事处	官商合办	崔沣麟	周村保安街	1940年	1945年
	鲁兴银行博山办事处	官商合办	范云初	博山宋家胡同	1940年	1945年
	鲁兴银行张店办事处	官商合办		张店斜马路	1943年	1945年
抗战胜利后至解放前	中国银行博山办事处	官商合办	张光祖	博山宋家胡同	1946年11月	1947年2月
	中国银行张店办事处	官商合办	项煦	张店	1946年11月	1947年2月
	中国银行周村办事处	官商合办	舒文骞	周村长安街	1947年1月	1947年2月
	交通银行张店办事处	官商合办		张店	1947年1月	1947年2月
	山东省银行张店办事处	地方官办	杨振	张店斜马路	1946年	1947年2月
	山东省银行周村办事处	地方官办		周村保安街	1946年9月	1948年3月
	山东省银行博山办事处	地方官办	杨振	博山宋家胡同	1948年1月	1948年3月

附录六

淄博市行政区划示意图

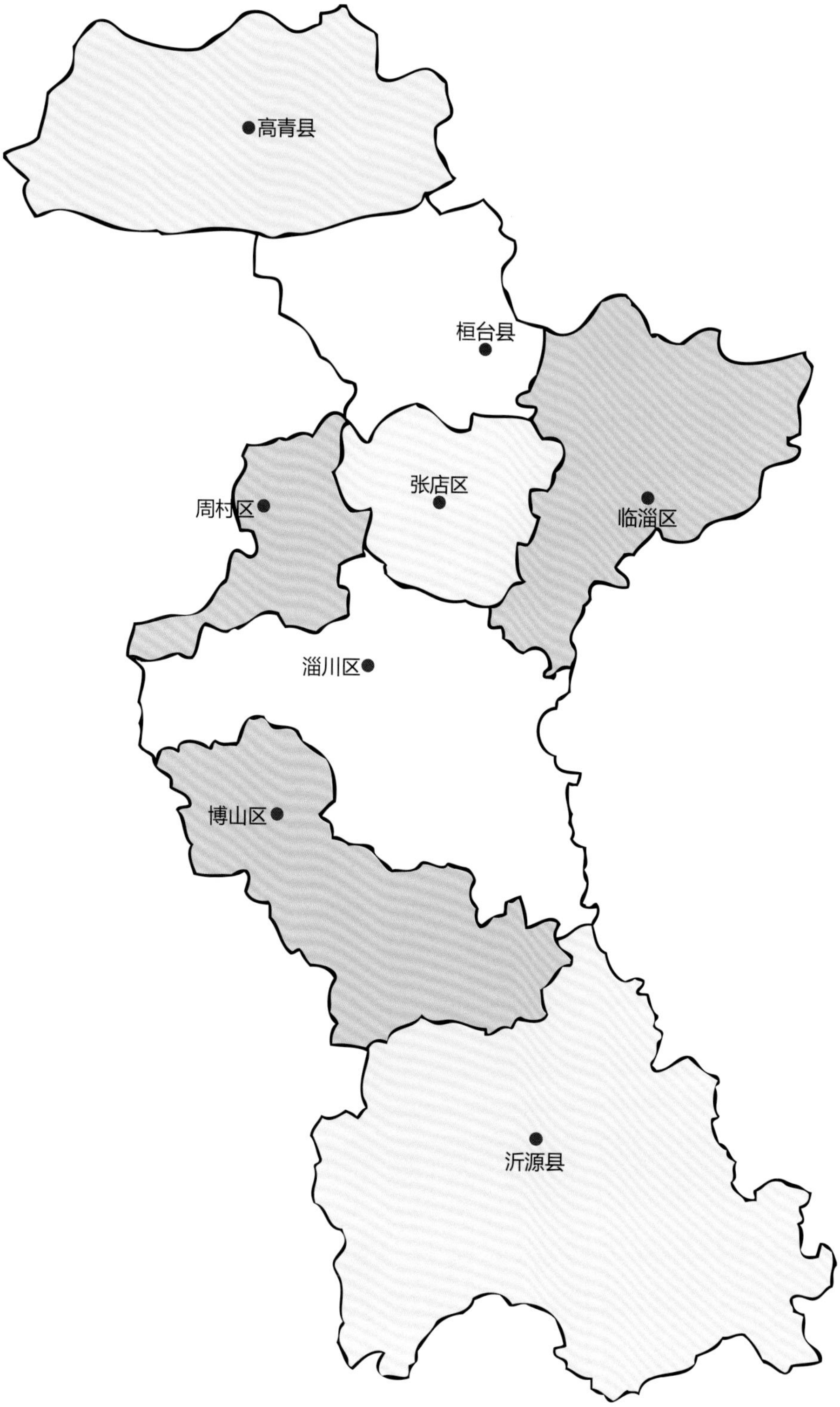

淄博地方票图录

ZIBODIFANGPIAOTULU

淄　川

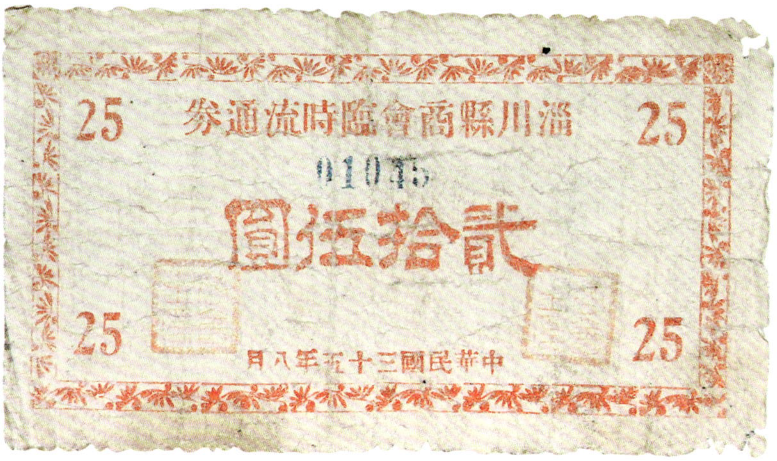

票名：淄川县商会临时流通券

颜色：红 / 蓝

地址：淄川

票幅：106 × 59mm

面值：贰拾伍圆

印制：未标识　民国三十五年八月

票名： 淄川县商会临时流通券

颜色： 蓝 / 红

地址： 淄川

票幅： 111 × 59mm

面值： 伍拾圆

印制： 未标识　民国三十五年八月

票名：淄川县地方经济临时救济券

颜色：橙 / 橙

地址：淄川

票幅：121 × 62mm

面值：壹角

印制：未标识　民国二十八年四月

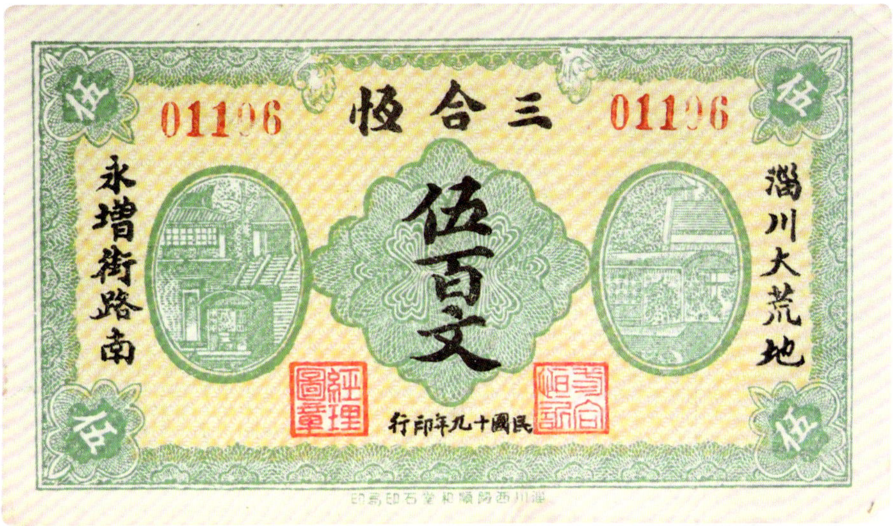

庄号：三合恒

颜色：绿黄 / 绿

地址：淄川大荒地

票幅：121 × 69mm

面值：伍百文

印制：淄川西关顺和堂石印局印　民国十九年

庄号： 万源号

颜色： 蓝绿 / 红

地址： 淄川城北大徐家庄

票幅： 114 × 66mm

面值： 叁角

印制： 济南大中印刷局胶版印　民国十九年

庄号： 庆合号

颜色： 红 / 红

地址： 淄川城东西省庄

票幅： 113 × 66mm

面值： 伍百

印制： 不清　民国十九年

庄号：义和号

颜色：蓝灰 / 蓝

地址：淄川城南南辛庄

票幅：142 × 84mm

面值：贰吊

印制：博山会文堂石印　民国二十年

庄号：协力成

颜色：蓝灰 / 蓝

地址：淄川西关

票幅：148 × 84mm

面值：壹圆

印制：济南西门里荣兴印　民国十九年

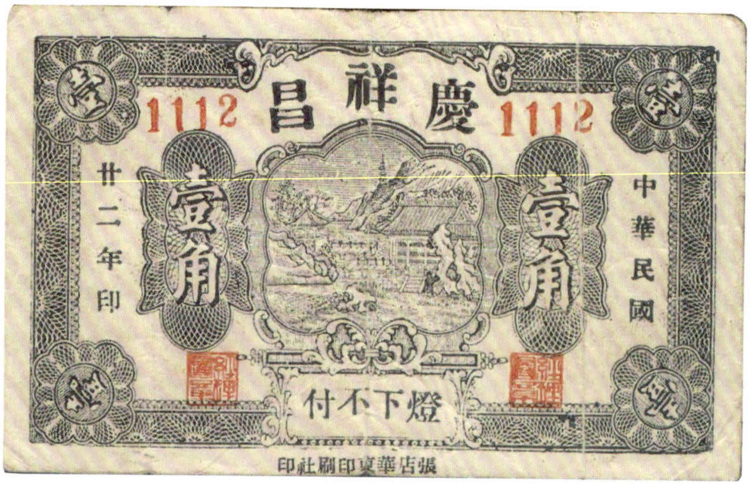

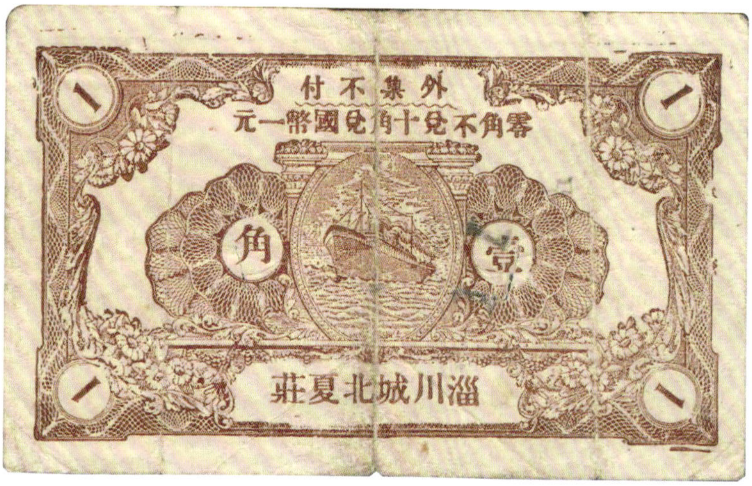

庄号： 庆祥昌

颜色： 蓝黑 / 红棕

地址： 淄川城北夏庄

票幅： 100×61mm

面值： 壹角

印制： 张店华东印刷社印　民国二十二年

庄号：德顺昌

颜色：黑绿 / 棕

地址：淄川西关

票幅：114 × 68mm

面值：叁角

印制：济南西门里大中印刷局胶版印　民国十八年

庄号： 德顺昌

颜色： 黑绿 / 棕

地址： 淄川西关

票幅： 114 × 68mm

面值： 伍角

印制： 济南西门里大中印刷局胶版印　民国十八年

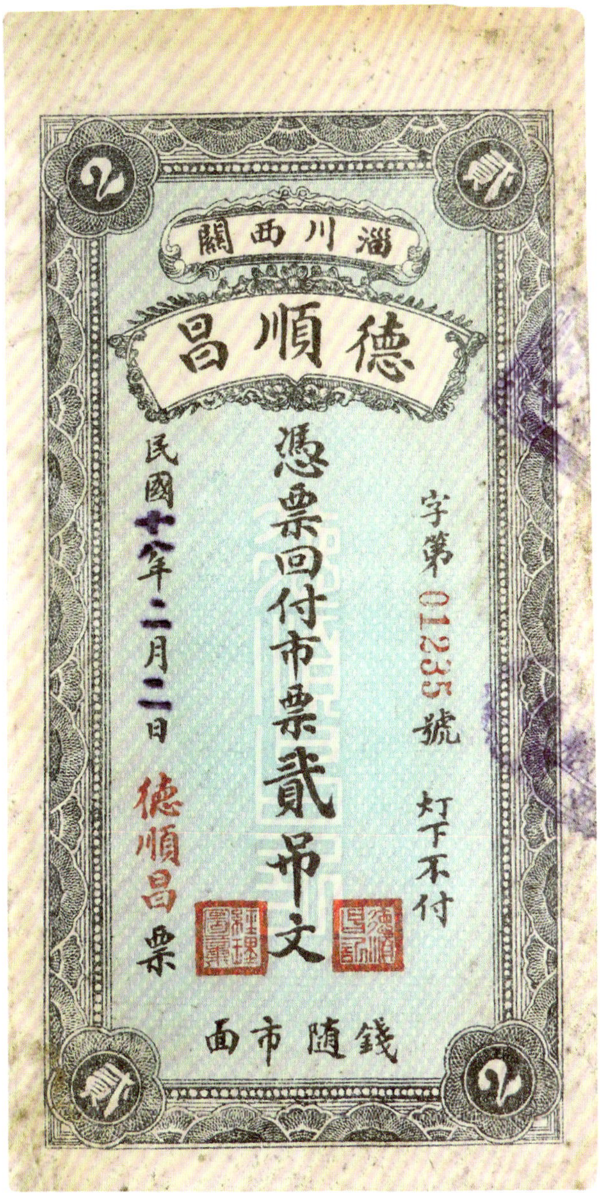

庄号： 德顺昌

颜色： 蓝灰 / 蓝

地址： 淄川西关

票幅： 176 × 90mm

面值： 贰吊

印制： 博山民生石印　民国十八年

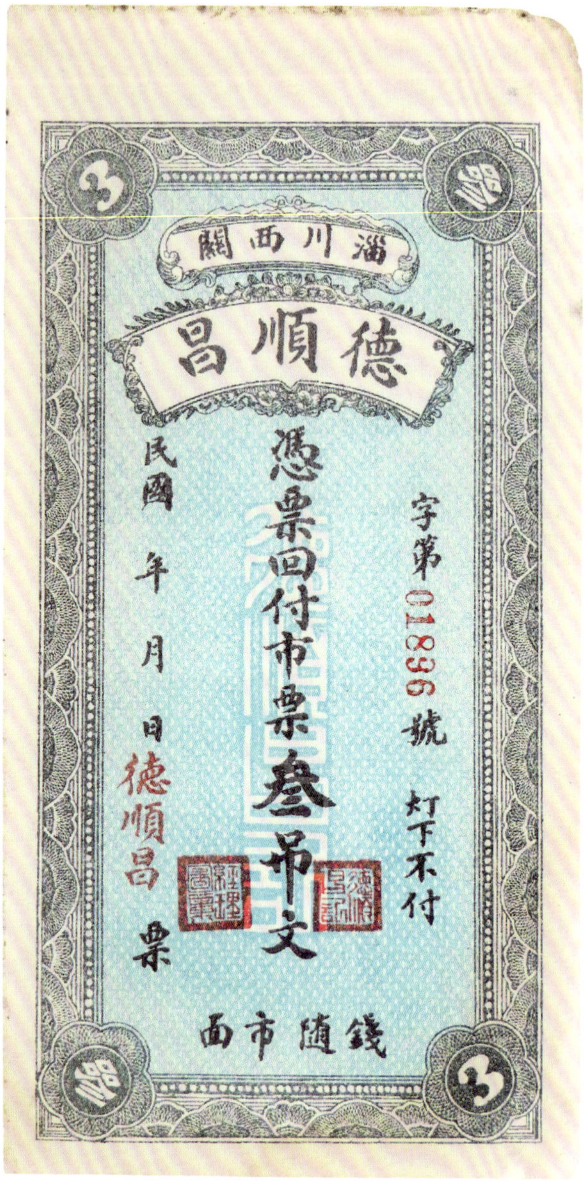

庄号：德顺昌

颜色：蓝灰 / 蓝

地址：淄川西关

票幅：176 × 90mm

面值：叁吊

印制：博山民生石印　民国十八年

庄号：慎德厚

颜色：灰黄 / 灰蓝

地址：淄川大昆仑

票幅：109×61mm

面值：叁角

印制：济南西门里兴业印刷局胶版印　民国二十一年

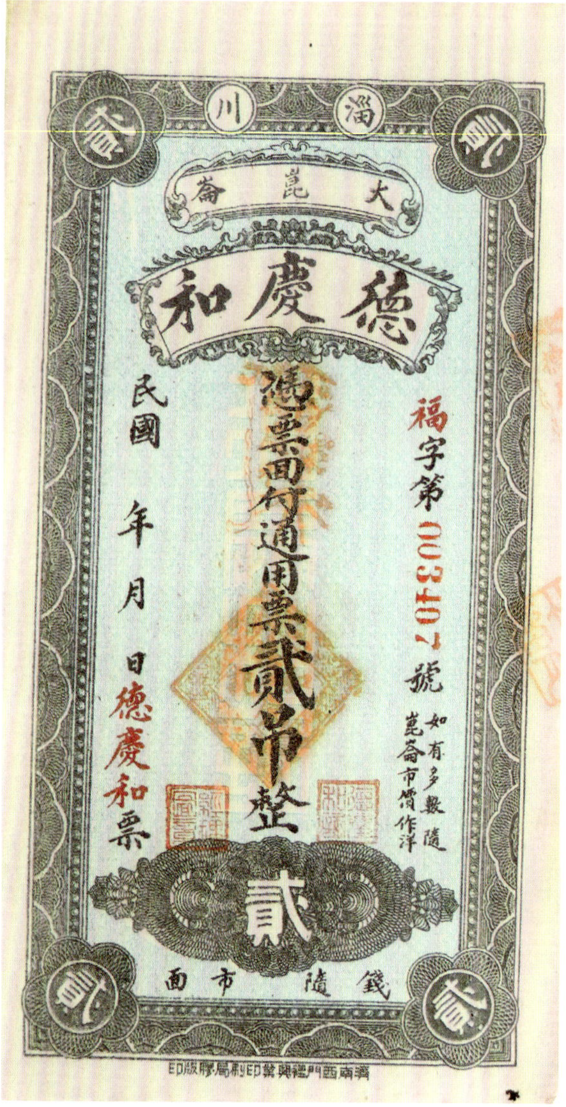

庄号：德庆和

颜色：灰蓝 / 灰

地址：淄川大昆仑

票幅：172 × 93mm

面值：贰吊

印制：济南西门里兴业印刷局胶版印

庄号： 裕丰酱园

颜色： 黑灰 / 绿灰

地址： 淄川城里

票幅： 191 × 100mm

面值： 贰吊

印制： 济南西门里华中石印局印　民国十五年

庄号：同昌东

颜色：棕黄 / 蓝

地址：淄川城北袁家庄

票幅：193 × 103mm

面值：壹吊

印制：淄川西关顺和堂石印局印

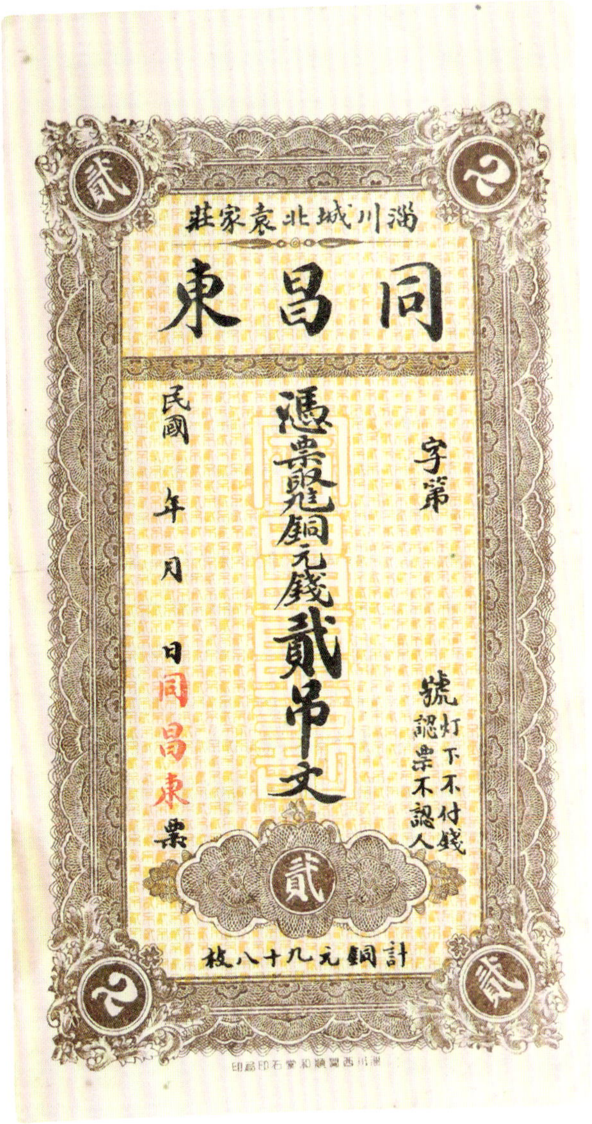

庄号：同昌东

颜色：棕黄 / 蓝

地址：淄川城北袁家庄

票幅：193 × 103mm

面值：贰吊

印制：淄川西关顺和堂石印局印

庄号： 全祥东

颜色： 棕 / 蓝

地址： 淄川城里

票幅： 190 × 105mm

面值： 壹吊

印制： 济南西门里华中石印局印

庄号： 德合恒

颜色： 棕 / 蓝

地址： 淄川城北傅家庄

票幅： 190 × 102mm

面值： 壹吊

印制： 淄川西关顺和堂石印局印

庄号： 骏华号

颜色： 棕蓝 / 绿

地址： 淄川城西东阳夕庄

票幅： 196 × 99mm

面值： 叁吊

印制： 济南西门里华中石印局印

庄号：恒盛昌（加盖临淄县政府）

颜色：绿 / 红

地址：不详

票幅：178 × 90mm

面值：贰吊

印制：淄川顺和堂石印局印　民国三十年二月

庄号： 福盛恒

颜色： 蓝黄 / 棕

地址： 淄川城南

票幅： 不详

面值： 贰吊

印制： 不清　民国十九年

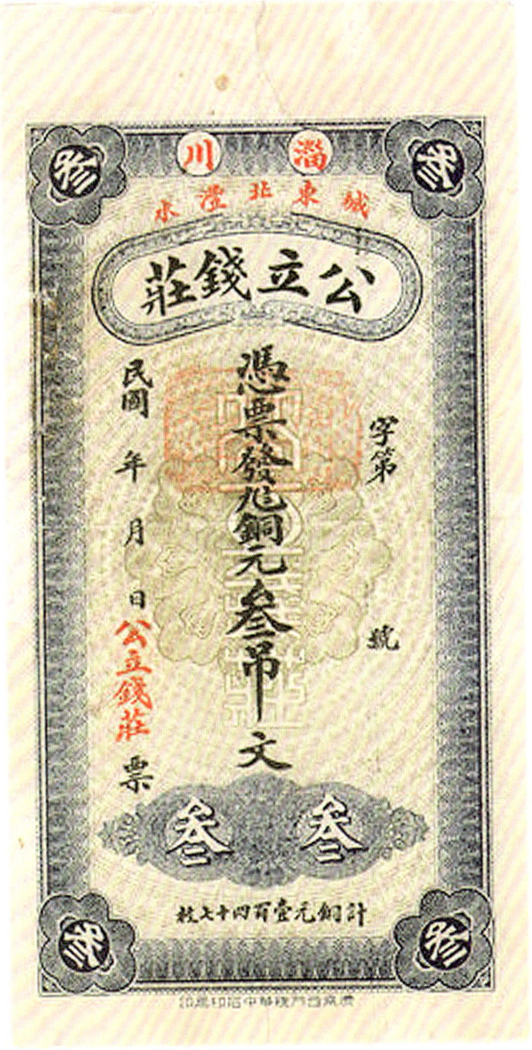

庄号：公立钱庄

颜色：蓝 / 绿

地址：淄川城东北沣水

票幅：不详

面值：叁吊

印制：济南西门里华中石印局印

庄号：天和泰

颜色：绿 / 棕

地址：淄川城东佛村

票幅：140 × 83mm

面值：壹圆

印制：潍县东关聚口印刷局　民国十九年

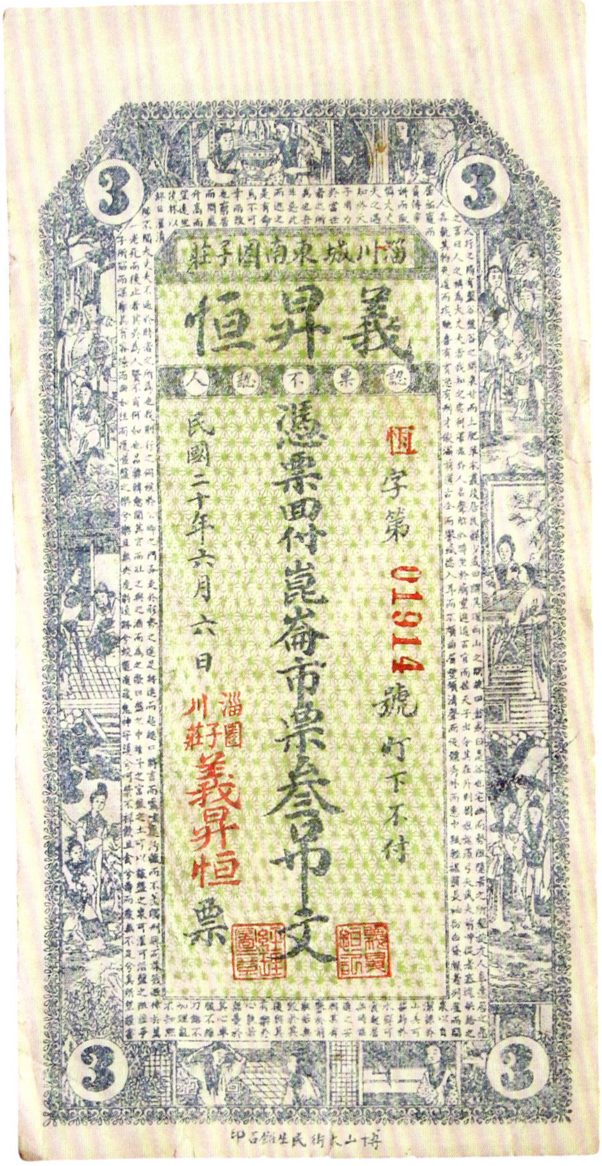

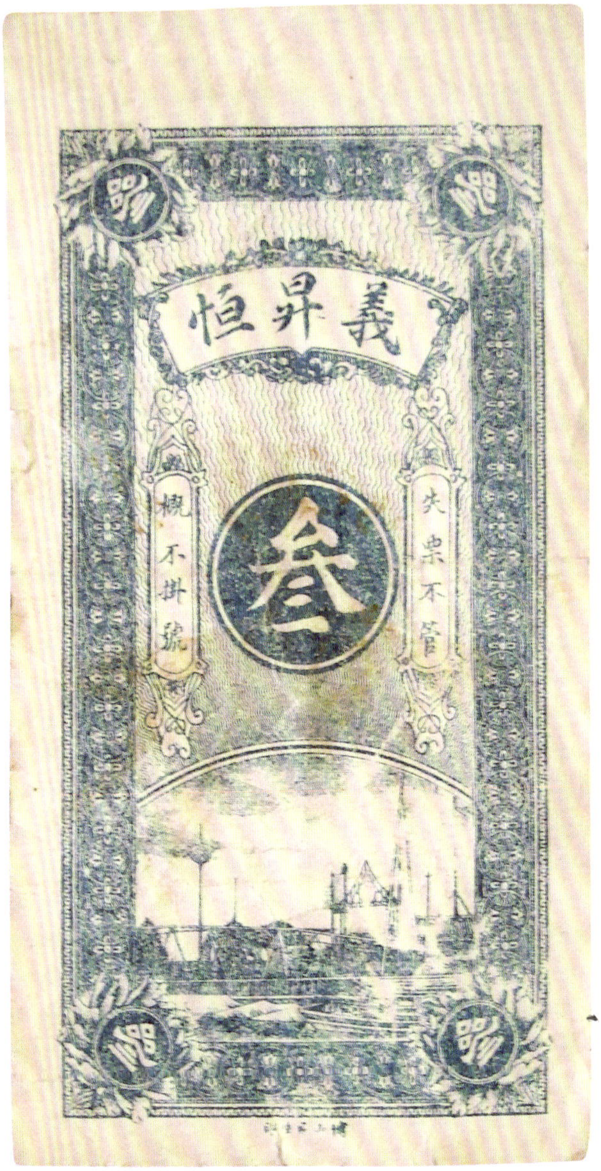

庄号：义升恒

颜色：蓝绿 / 蓝

地址：淄川城东南圈子庄

票幅：170 × 90mm

面值：叁吊

印制：博山大街民生铅石印　民国二十年六月

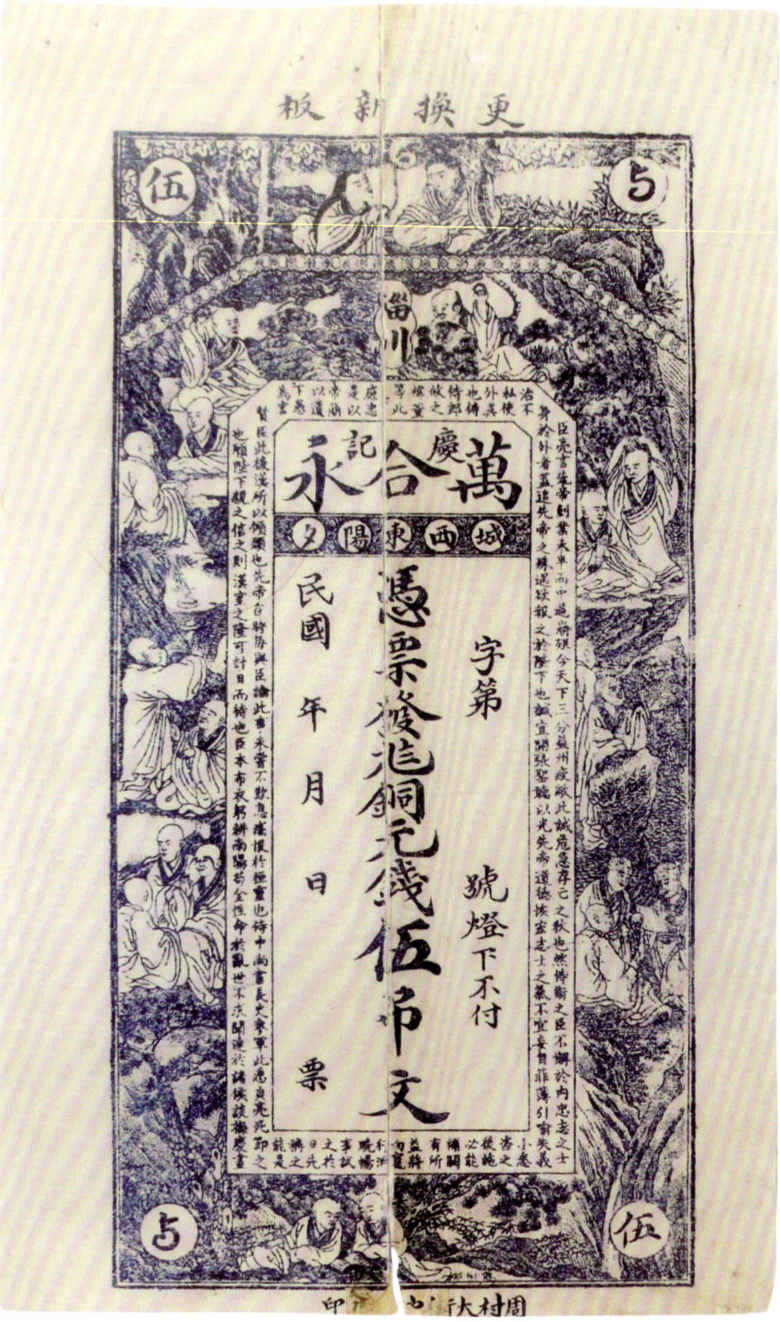

庄号： 庆记万合永

颜色： 蓝 / 光背

地址： 淄川城西东阳夕

票幅： 171×104mm

面值： 伍吊

印制： 周村大街中兴石印

庄号： 万聚恒

颜色： 灰 / 蓝

地址： 淄川漫泗河

票幅： 107 × 60mm

面值： 叁角

印制： 未标识　民国二十年

博 山

庄号： 协康永号

颜色： 蓝棕 / 绿

地址： 博山

票幅： 119 × 67mm

面值： 壹角

印制： 济南四马路恒丰公司印　民国十八年

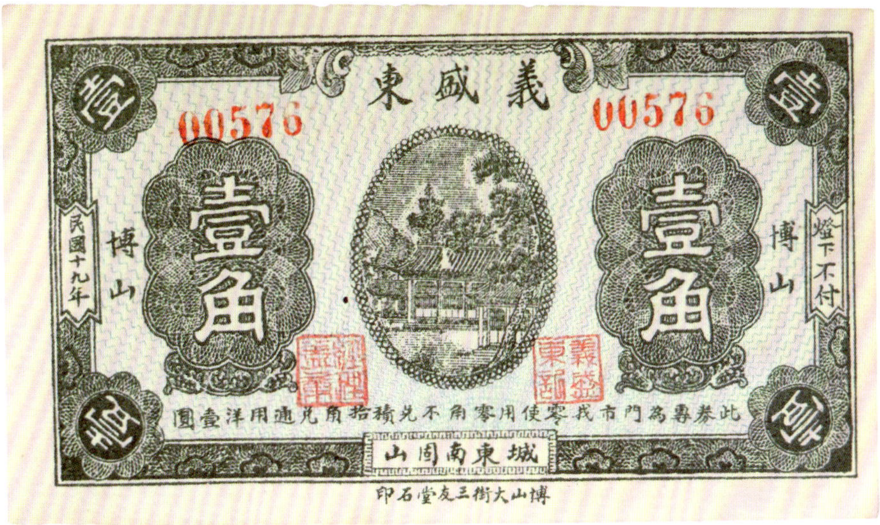

庄号： 义盛东

颜色： 灰绿 / 蓝

地址： 博山城东南固山

票幅： 118 × 68mm

面值： 壹角

印制： 博山大街三友堂石印　民国十九年

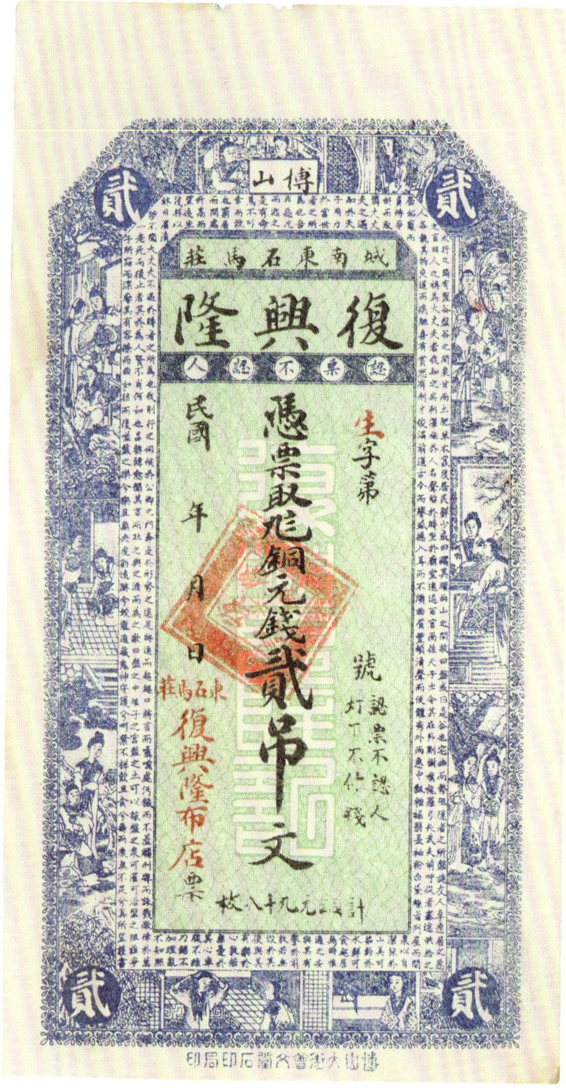

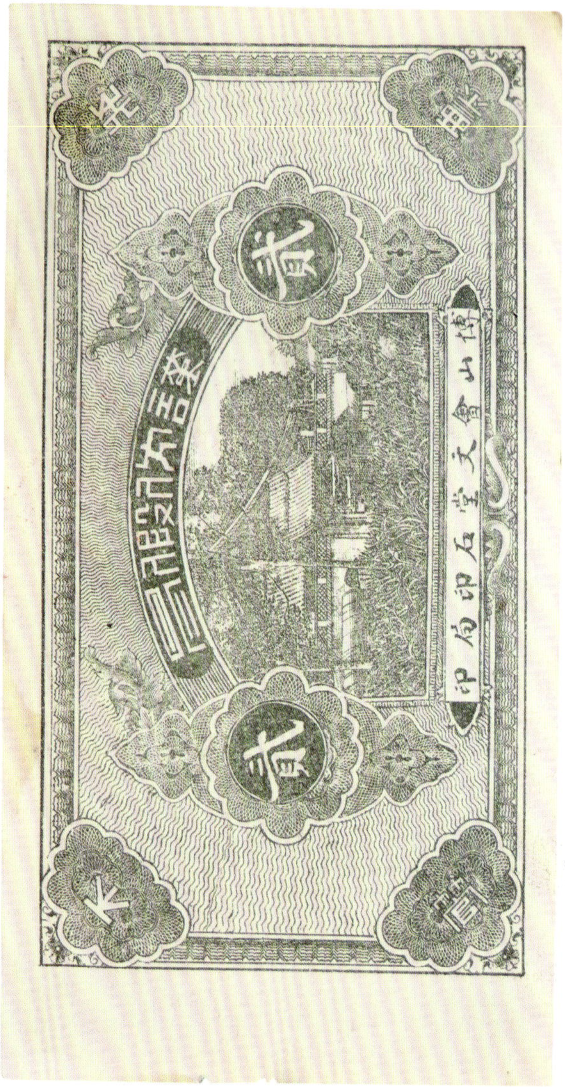

庄号：复兴隆

颜色：蓝绿 / 灰

地址：博山城南东石马庄

票幅：178 × 95mm

面值：贰吊

印制：博山大街会文堂石印局印

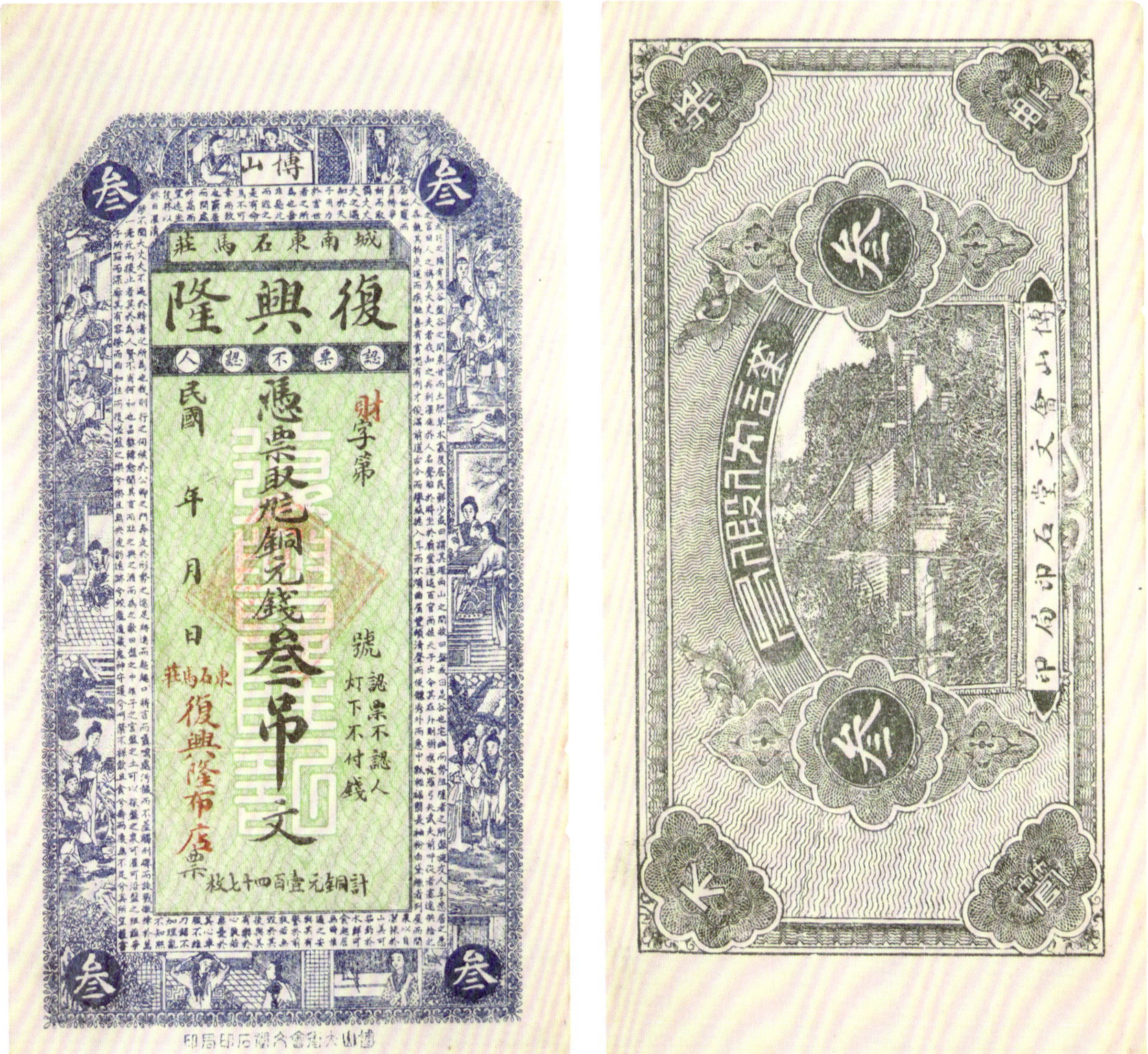

庄号：复兴隆

颜色：蓝绿 / 灰

地址：博山城南东石马庄

票幅：178 × 95mm

面值：叁吊

印制：博山大街会文堂石印局印

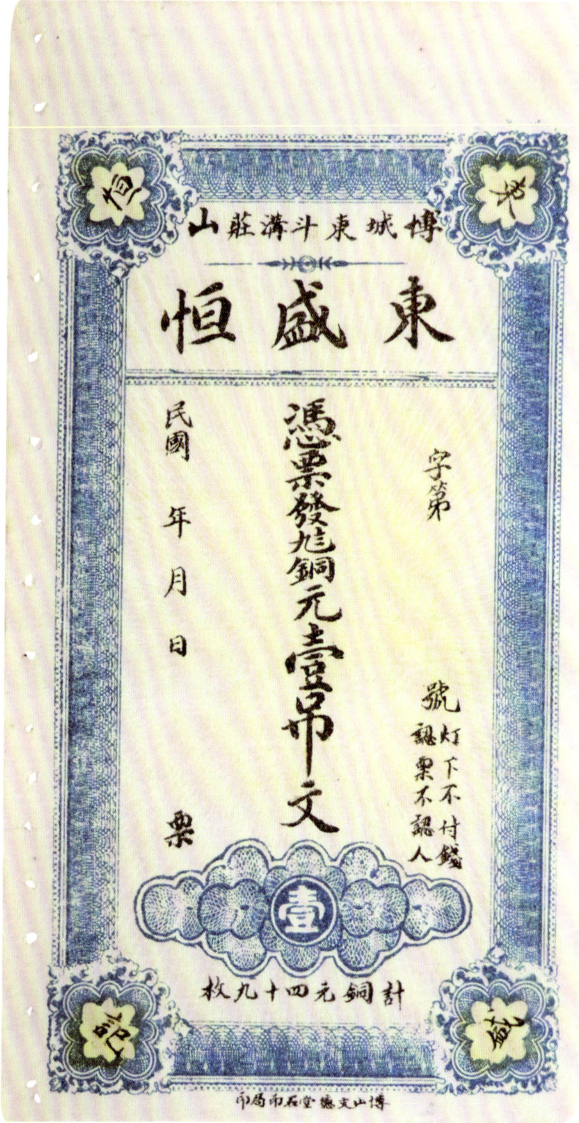

庄号：东盛恒

颜色：蓝黄 / 绿

地址： 博山城东斗沟庄

票幅：189 × 101mm

面值：壹吊

印制：博山文德堂石印局印

庄号： 积善堂

颜色： 蓝 / 绿

地址： 博山城南洪山口庄

票幅： 189 × 102mm

面值： 贰吊

印制： 博山大街会文堂石印局印

庄号： 积善堂

颜色： 蓝黄 / 绿

地址： 博山城南洪山口庄

票幅： 189 × 102mm

面值： 叁吊

印制： 博山大街会文堂石印局印

庄号：聚祥号

颜色：棕 / 红

地址：博山城东西天津庄

票幅：190 × 94mm

面值：叁吊

印制：济南西门里大街宝华斋石印

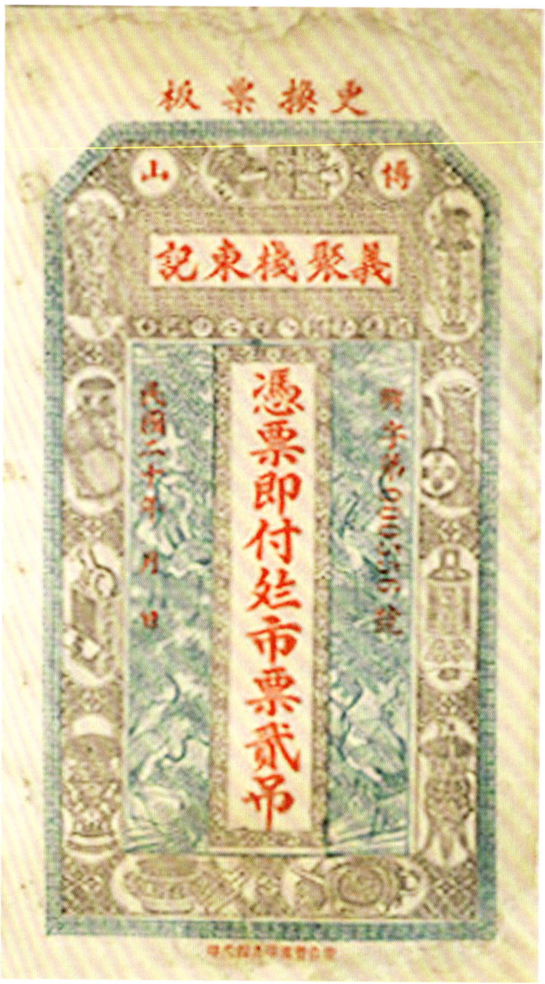

庄号： 义聚栈东记

颜色： 蓝棕 / 蓝

地址： 博山

票幅： 不详

面值： 贰吊

印制： 不清　民国二十年

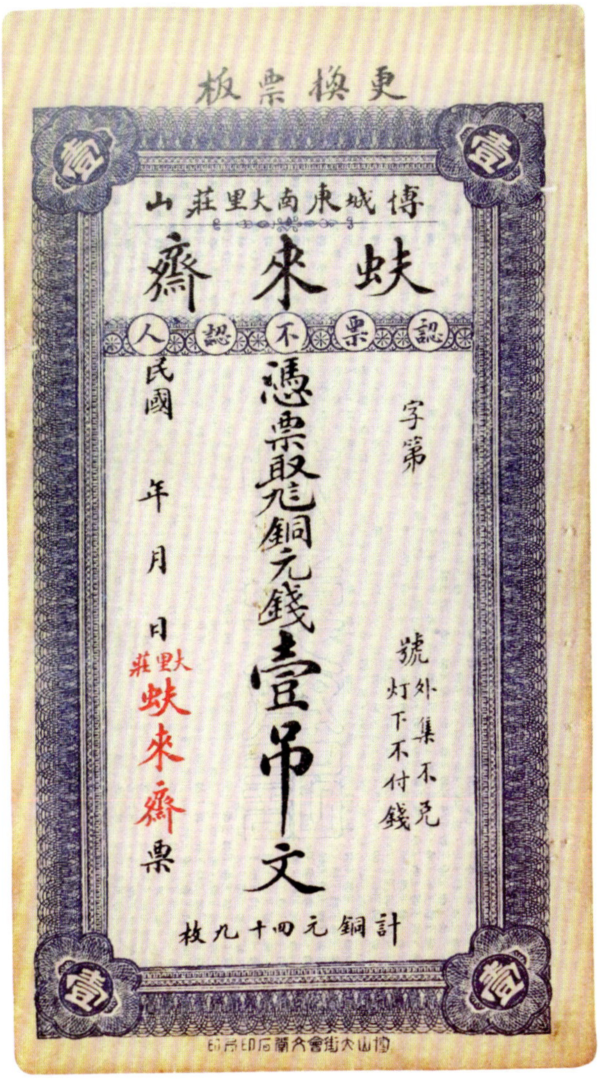

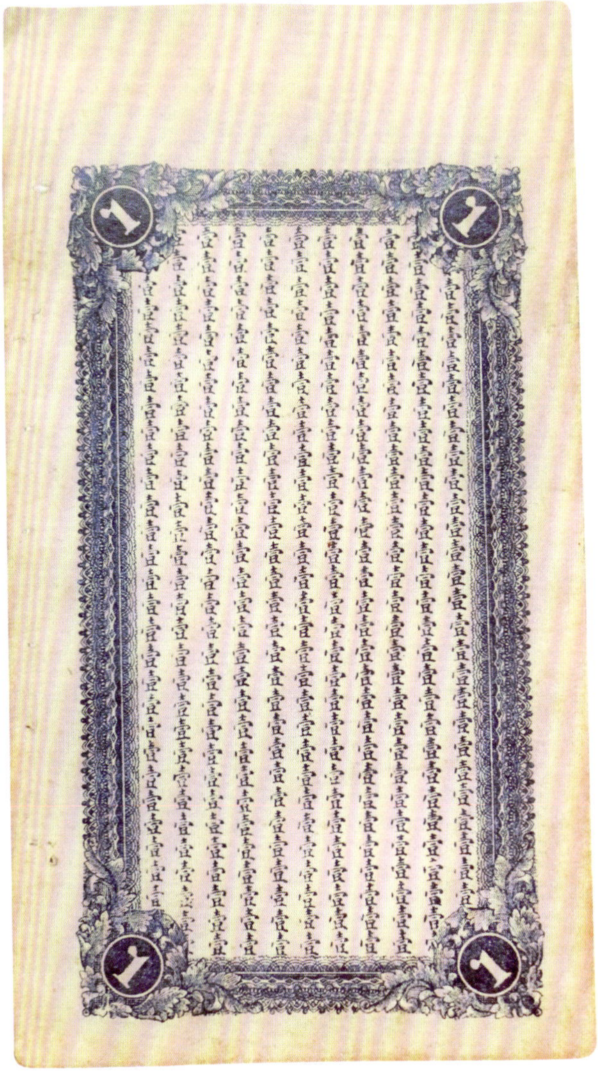

庄号： 蚨来斋

颜色： 蓝 / 蓝

地址： 博山城东南大里庄

票幅： 192 × 104mm

面值： 壹吊

印制： 博山大街会文堂石印局印

庄号： 三兴恒

颜色： 蓝红 /

地址： 博山中石马

票幅： 不详

面值： 伍吊

印制： 天津□□□□公顺印刷局印

庄号： 德泰永

颜色： 蓝绿 /

地址： 博山城东大马石庄

票幅： 不详

面值： 叁吊

印制： 济南西门里华中石印局印

庄号： 东和公司

颜色： 棕 / 蓝绿

地址： 博山东和公司

票幅： 165 × 87mm

面值： 壹吊

印制： 市田胶版印刷株式会社印行

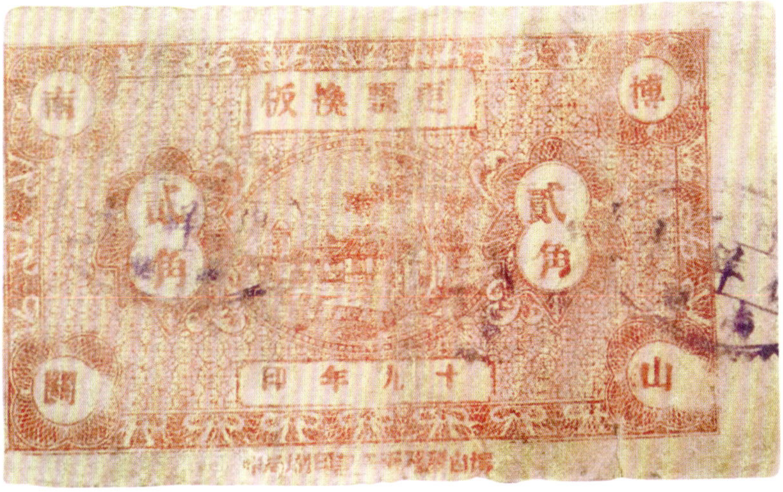

庄号：复祥永

颜色：灰 / 红

地址：博山南关

票幅：100 × 60mm

面值：贰角

印制：不清　民国十九年

周　村

庄号：周村商业银行

颜色：蓝红 / 绿

地址：周村

票幅：141 × 82mm

面值：伍圆

印制：未标识　民国五年

庄号：周村商业银行

颜色：灰绿 / 灰绿

地址：周村

票幅：148 × 89mm

面值：拾圆

印制：未标识　民国五年

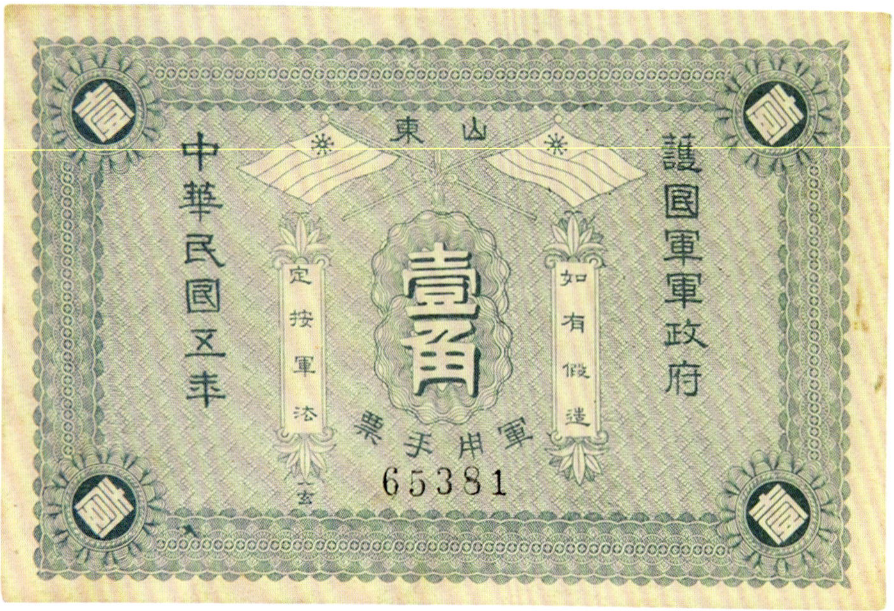

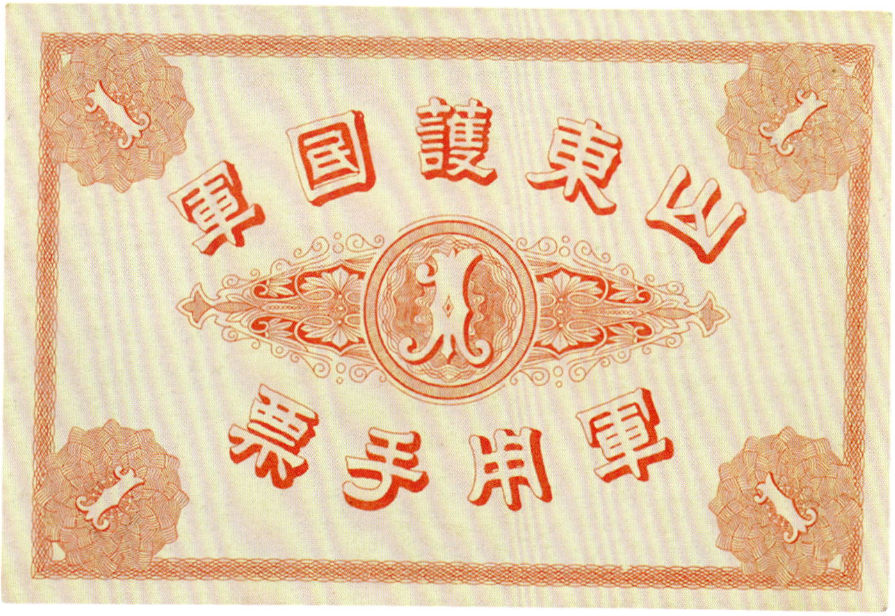

票名：山东护国军军用手票

颜色：蓝 / 红

地址：山东

票幅：127 × 84mm

面值：壹角

印制：未标识　民国五年

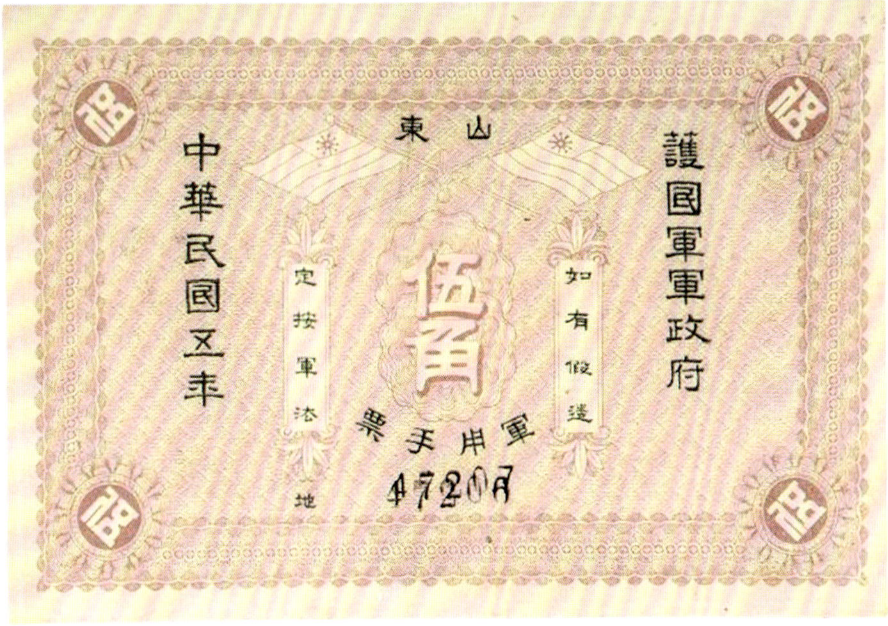

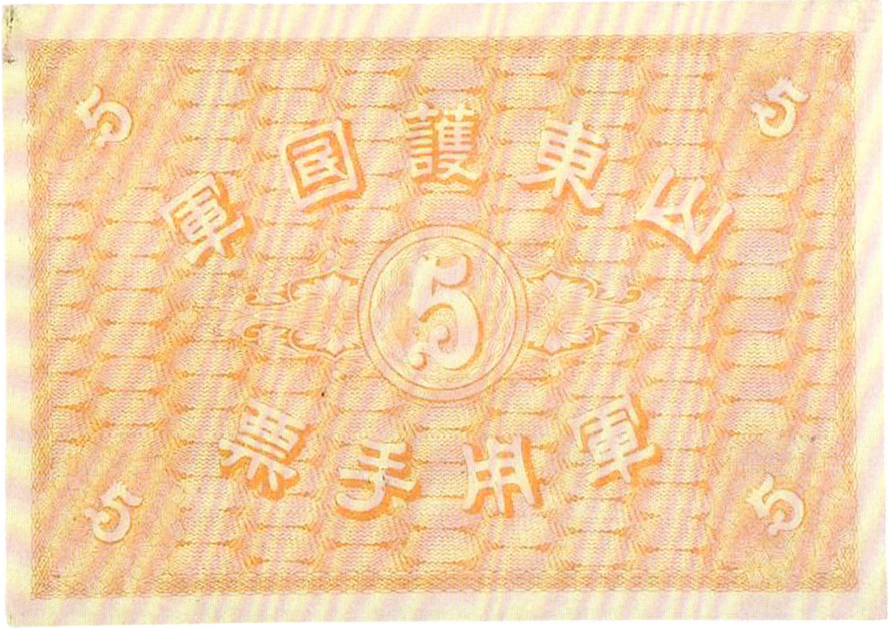

票名： 山东护国军军用手票

颜色： 紫 / 橙

地址： 山东

票幅： 128 × 84mm

面值： 伍角

印制： 未标识　民国五年

庄号： 德和栈

颜色： 红 / 红

地址： 周村观海门外

票幅： 98 × 60mm

面值： 壹角

印制： 周村新街华荣斋印刷局　民国二十三年

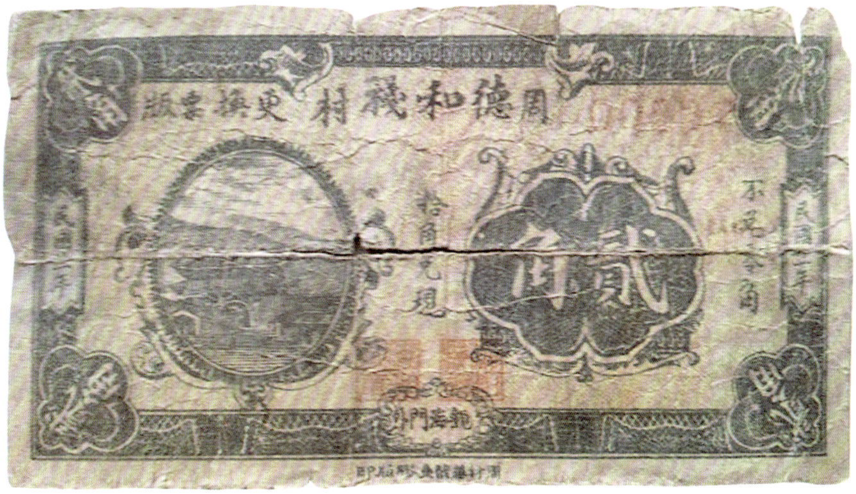

庄号： 德和栈

颜色： 灰蓝 / 蓝

地址： 周村观海门外

票幅： 115×64mm

面值： 贰角

印制： 周村华荣斋胶版印

庄号：德源成

颜色：灰绿 / 灰绿

地址：周村大街

票幅：117 × 68mm

面值：壹角

印制：济南西门里兴业印刷局胶版印　民国二十一年

庄号： 德源成

颜色： 灰蓝 / 灰蓝

地址： 周村大街

票幅： 120 × 68mm

面值： 叁角

印制： 济南西门里兴业印刷局胶版印　民国二十一年

庄号：祥聚公银号

颜色：蓝黑 / 蓝

地址：周村

票幅：115 × 68mm

面值：叁角

印制：未标识　民国十八年

庄号： 庆记裕兴和

颜色： 蓝黄 / 黑灰

地址： 周村汇龙街

票幅： 192×103mm

面值： 壹吊

印制： 周村华中印刷所

庄号： 蚨来瑞

颜色： 蓝 / 棕

地址： 周村东乡高塘庄

票幅： 188 × 100mm

面值： 壹吊

印制： 周村齐鲁商学印刷所印

庄号： 祥和钱店

颜色： 棕 / 黑灰

地址： 周村

票幅： 190 × 100mm

面值： 叁吊

印制： 济南西门里华中石印局印　民国十四年三月

庄号： 元兴银号

颜色： 蓝灰 / 蓝灰

地址： 周村

票幅： 184 × 96mm

面值： 叁吊

印制： 济南西门里兴业印刷局胶版印

庄号： 裕源钱局

颜色： 绿红 / 紫

地址： 周村东北乡新民庄

票幅： 189 × 98mm

面值： 壹吊

印制： 济南后宰门华复斋印　民国元年二月

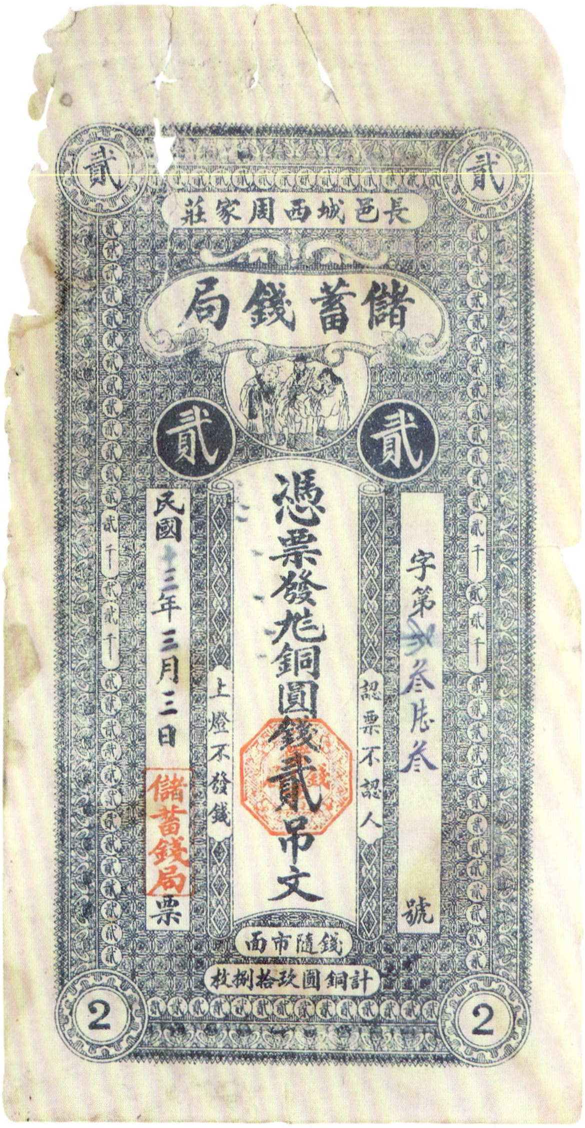

庄号：储蓄钱局

颜色：蓝 / 绿

地址：长邑城西周家庄

票幅：195 × 103mm

面值：贰吊

印制：上海钱庄会馆北首北河南路鹏程里华聚□印 民国十三年三月

庄号： 公聚成

颜色： 棕绿 / 灰绿

地址： 周村西乡樊家庄

票幅： 184 × 95mm

面值： 壹吊

印制： 济南西门里大中印刷局胶版印　民国十九年二月

庄号： 春田号

颜色： 红 /

地址： 周村尹家桥

票幅： 不详

面值： 壹吊

印制： 周村大街中兴石印

庄号： 裕兴永

颜色： 灰绿 / 棕

地址： 桓台东谟王庄

票幅： 97 × 54mm

面值： 叁角

印制： 未标识

庄号： 义泰成

颜色： 棕 / 绿

地址： 桓台城北金家庄

票幅： 100 × 56mm

面值： 叁角

印制： 未标识　民国二十七年

庄号： 义泰成

颜色： 棕红 / 绿

地址： 桓台城北金家庄

票幅： 100 × 56mm

面值： 伍角

印制： 未标识　民国二十七年

庄号：德兴

颜色：蓝 / 棕

地址：桓台城东北鱼龙湾

票幅：107 × 65mm

面值：贰角

印制：未标识　民国二十七年

庄号：公益祥

颜色：蓝 / 蓝

地址：桓台前毕庄

票幅：105 × 62mm

面值：伍角

印制：未标识　民国二十一年

庄号： 复盛栈

颜色： 绿 / 蓝

地址： 桓台文家庄

票幅： 125 × 69mm

面值： 贰角

印制： 未标识　民国二十年

庄号： 公顺和

颜色： 蓝 / 绿

地址： 桓台昝家庄

票幅： 100 × 66mm

面值： 壹角

印制： 未标识

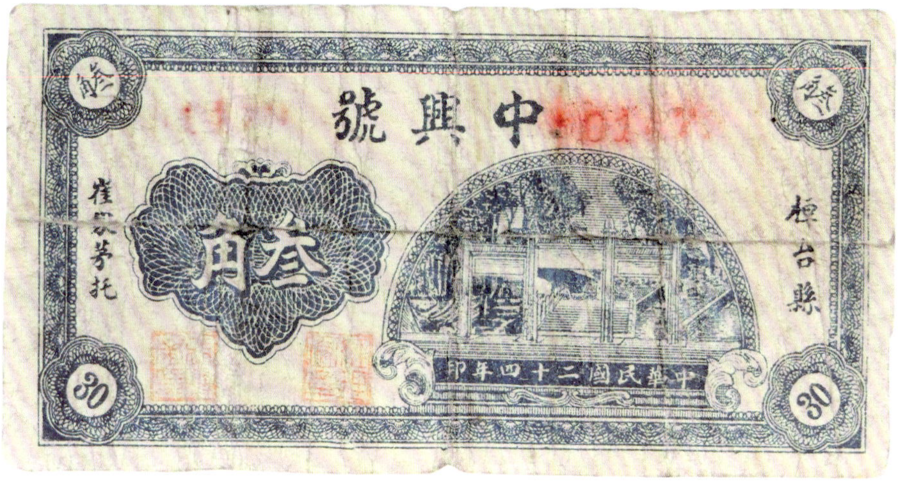

庄号：中兴号

颜色：蓝 / 棕

地址：桓台崔家茅托

票幅：120 × 61mm

面值：叁角

印制：未标识　民国二十四年

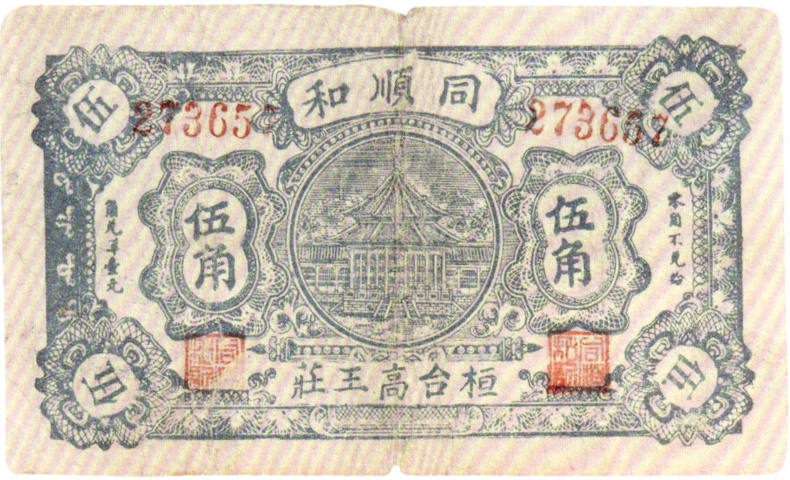

庄号： 同顺和

颜色： 蓝 / 蓝

地址： 桓台高王庄

票幅： 106 × 62mm

面值： 伍角

印制： 未标识　民国二十一年

庄号：公兴和

颜色：绿 / 绿

地址：桓台田家庄

票幅：102 × 63mm

面值：贰角

印制：未标识　民国二十一年

庄号： 鸿昌和

颜色： 蓝 / 棕

地址： 桓台田家庄

票幅： 106 × 66mm

面值： 叁角

印制： 周村协和石印局印　民国二十年

庄号： 永和居
颜色： 棕 / 绿
地址： 桓台耿家桥
票幅： 93 × 50mm
面值： 伍分
印制： 未标识　民国二十六年

庄号：元合纸坊

颜色：灰 / 棕

地址：桓台乌河头

票幅：97 × 56mm

面值：伍分

印制：未标识

庄号： 义和成

颜色： 蓝 / 棕

地址： 桓台高王庄

票幅： 100 × 55mm

面值： 壹角

印制： 未标识　民国二十七年

庄号：永兴号

颜色：灰绿 / 红

地址：桓台胡家庄

票幅：114 × 68mm

面值：贰角

印制：周村丝市恒和石印　民国二十年

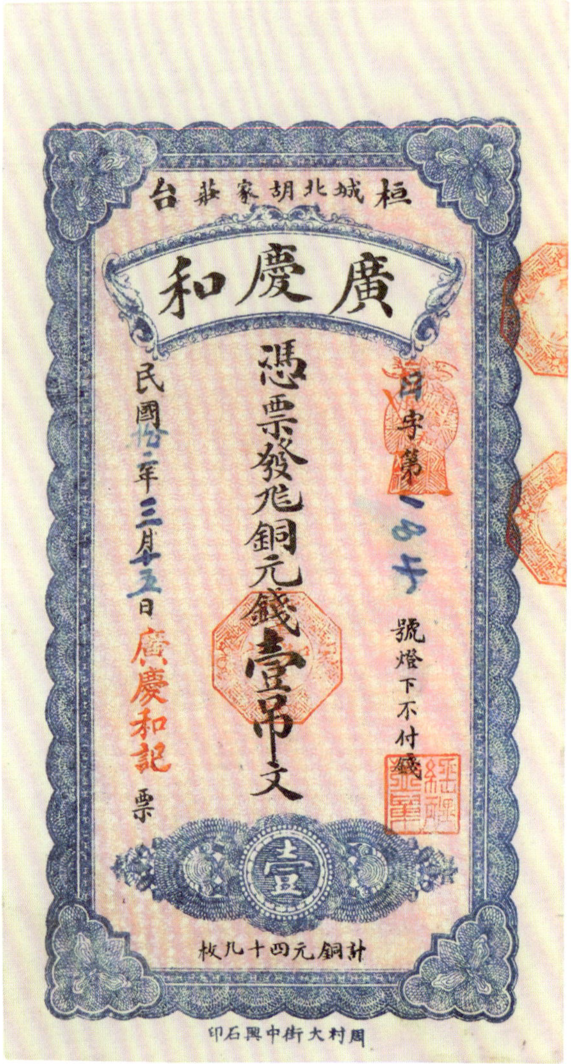

庄号：广庆和

颜色：蓝红 / 蓝

地址：桓台城北胡家庄

票幅：180 × 98mm

面值：壹吊

印制：周村大街中兴石印　民国十二年

庄号：公益和

颜色：蓝 / 蓝

地址：桓台起凤桥

票幅：105×61mm

面值：伍角

印制：未标识　民国二十一年

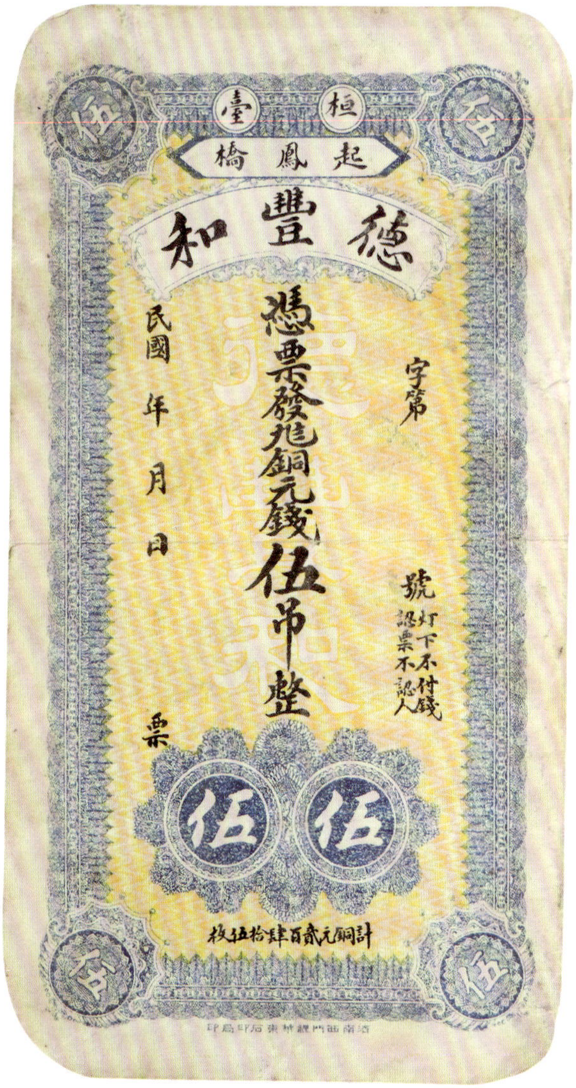

庄号：德丰和

颜色：蓝黄 / 蓝

地址：桓台起凤桥

票幅：189 × 101mm

面值：伍吊

印制：济南西门里华东石印局印

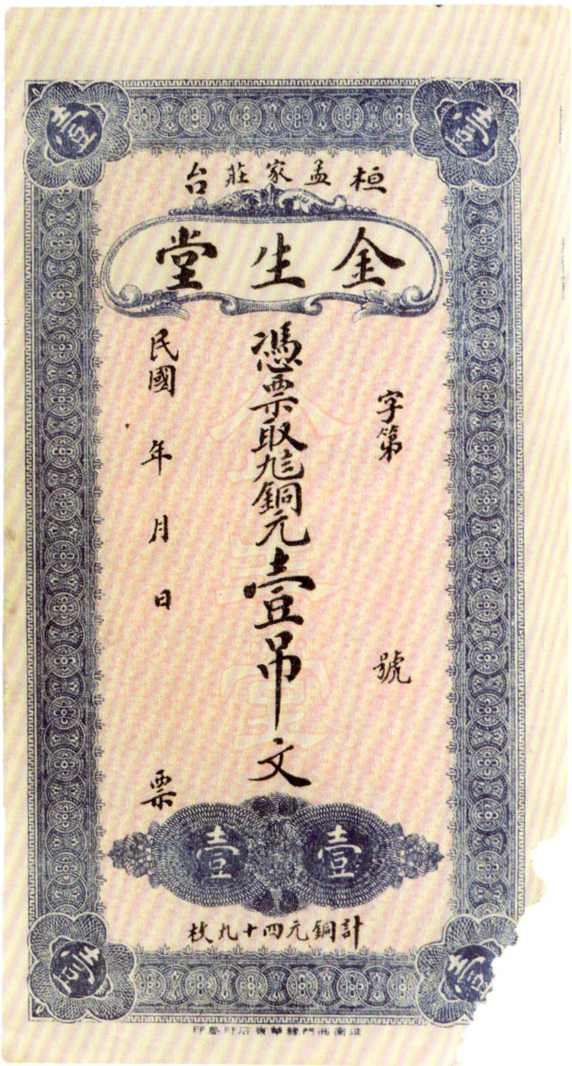

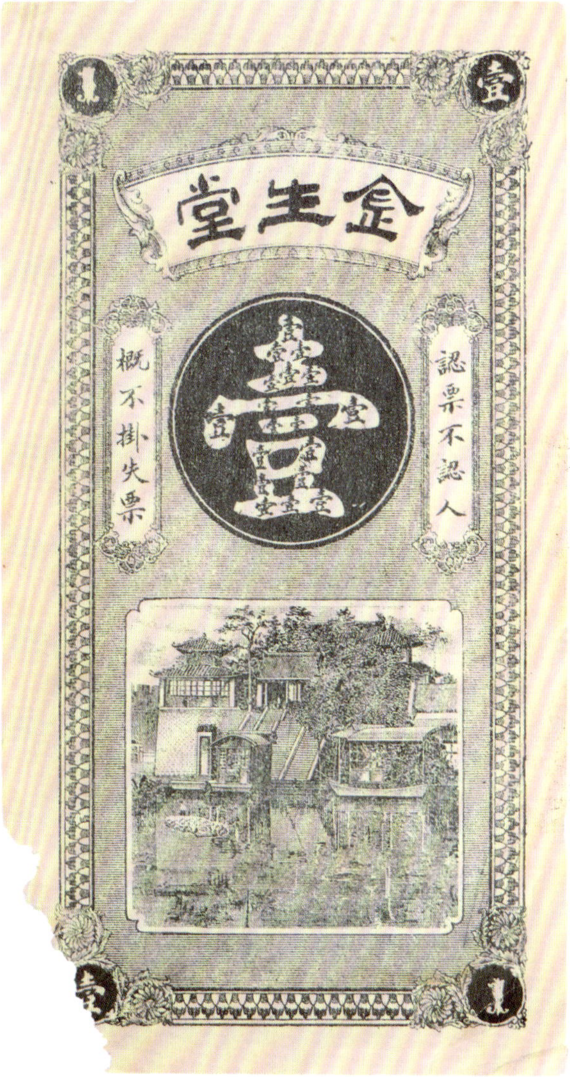

庄号：金生堂

颜色：蓝红 / 蓝灰

地址：桓台孟家庄

票幅：182 × 99mm

面值：壹吊

印制：济南西门里华东石印局印

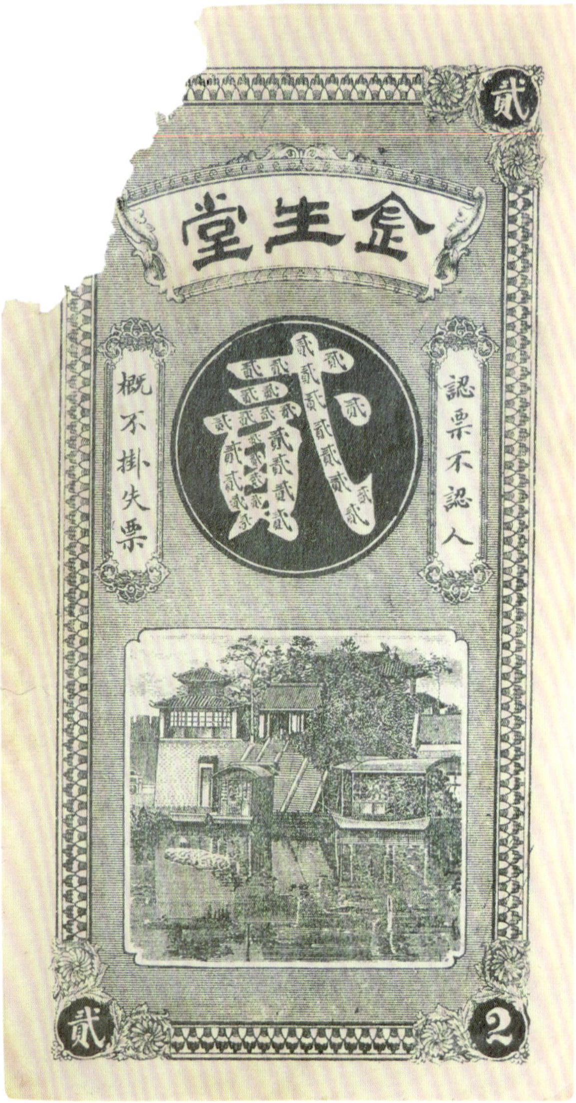

庄号：金生堂

颜色：蓝 / 蓝灰

地址：桓台孟家庄

票幅：182 × 99mm

面值：贰吊

印制：济南西门里华东石印局印

庄号：永立成

颜色：蓝黄 / 蓝

地址：桓台前刘庄

票幅：213×93mm

面值：壹吊

印制：周村普利街中英印刷局印

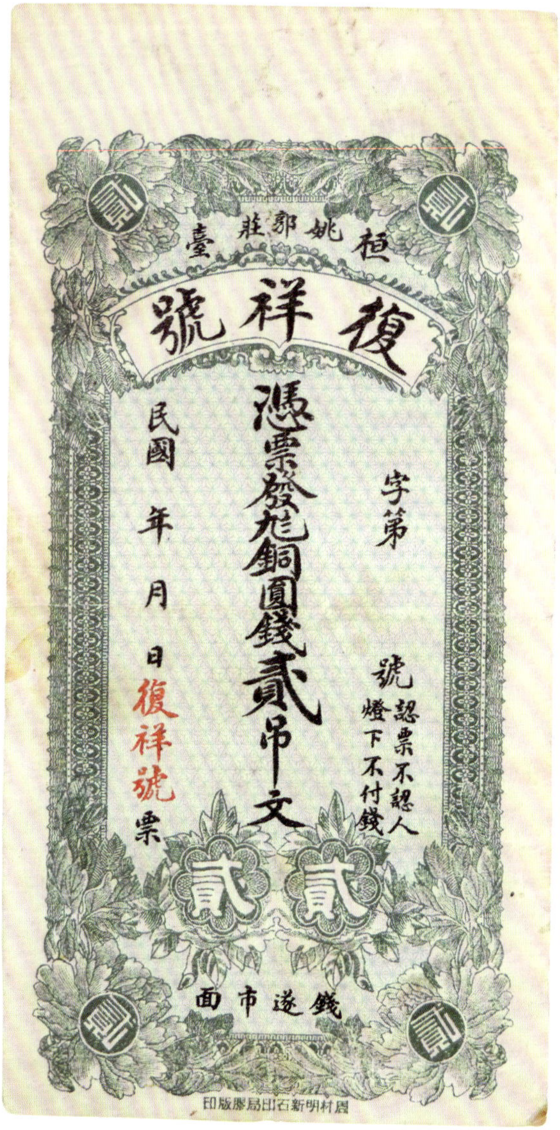

庄号：复祥号

颜色：蓝 / 红

地址：桓台姚郭庄

票幅：184 × 94mm

面值：贰吊

印制：周村明新石印局胶版印

庄号：恒祥和

颜色：蓝绿 / 淡红

地址：桓台城北四里邢家庄

票幅：191 × 105mm

面值：壹吊

印制：济南西门里华中石印局印

庄号：恒祥和
颜色：蓝绿 / 淡红
地址：桓台城北四里邢家庄
票幅：191 × 105mm
面值：叁吊
印制：济南西门里华中石印局印

庄号：吉盛永

颜色：棕黄 / 蓝

地址：桓台城东河堐头

票幅：192×101mm

面值：贰吊

印制：周村恒兴石印局印　民国十五年九月

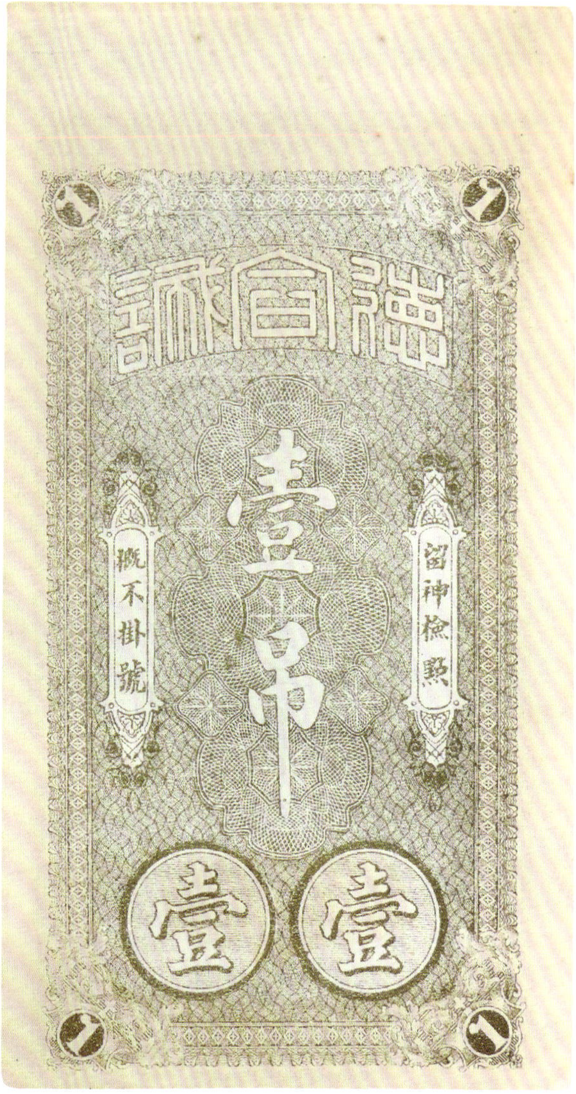

庄号： 德合诚

颜色： 棕蓝 / 灰

地址： 桓台傅家庙

票幅： 187 × 101mm

面值： 壹吊

印制： 济南西门里华中石印局印

庄号： 德合诚

颜色： 棕黄 / 灰

地址： 桓台傅家庙

票幅： 187 × 101mm

面值： 贰吊

印制： 济南西门里华中石印局印

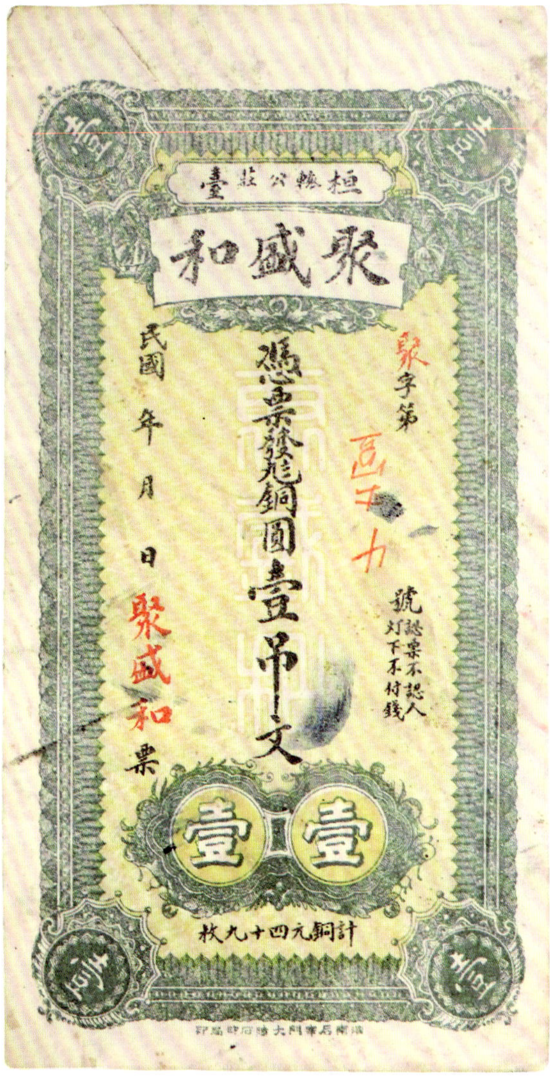

庄号：聚盛和

颜色：蓝黄 / 棕

地址：桓台辕公庄

票幅：183 × 97mm

面值：壹吊

印制：济南后宰门大路石印局印

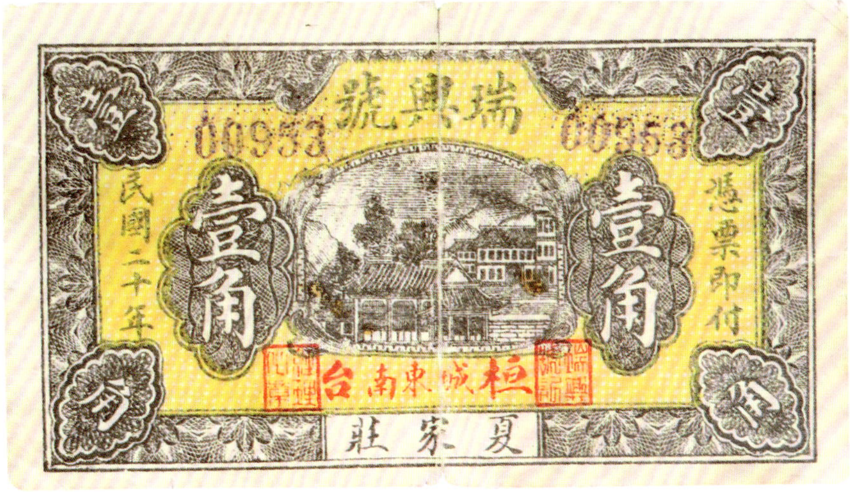

庄号：瑞兴号

颜色：黄 / 蓝

地址：桓台城东南夏家庄

票幅：106 × 60mm

面值：壹角

印制：周村实业印刷　民国二十年

庄号： 瑞兴号

颜色： 灰黄 / 蓝

地址： 桓台城东南夏家庄

票幅： 106 × 60mm

面值： 贰角

印制： 周村实业印刷　民国二十年

庄号： 瑞兴号

颜色： 灰黄 / 蓝

地址： 桓台城东南夏家庄

票幅： 106 × 60mm

面值： 叁角

印制： 周村实业印刷　民国二十年

庄号： 瑞祥号

颜色： 蓝 / 绿

地址： 桓台夏庄

票幅： 197 × 101mm

面值： 壹吊

印制： 济南西门里华东石印局印　民国十三年（甲子年）

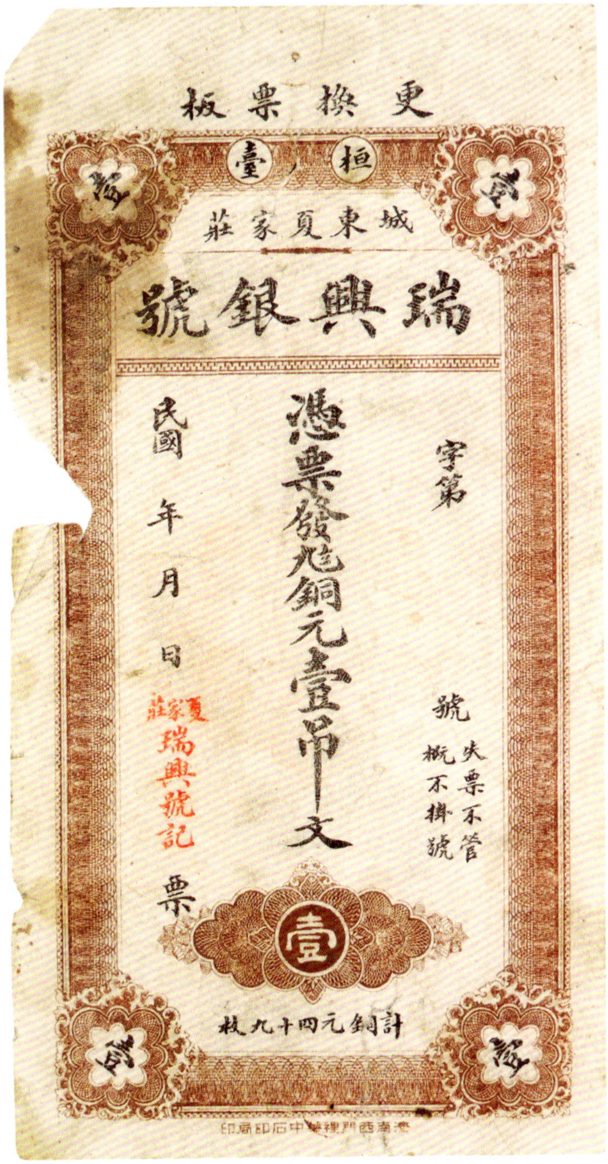

庄号：瑞兴银号

颜色：棕 / 绿

地址：桓台城东夏家庄

票幅：194 × 102mm

面值：壹吊

印制：济南西门里华中石印局印

庄号：瑞兴银号

颜色：棕 / 绿

地址：桓台城东夏家庄

票幅：194 × 102mm

面值：叁吊

印制：济南西门里华中石印局印

庄号： 广盛永

颜色： 蓝 / 蓝

地址： 桓台岔河

票幅： 191×103mm

面值： 叁吊

印制： 未标识

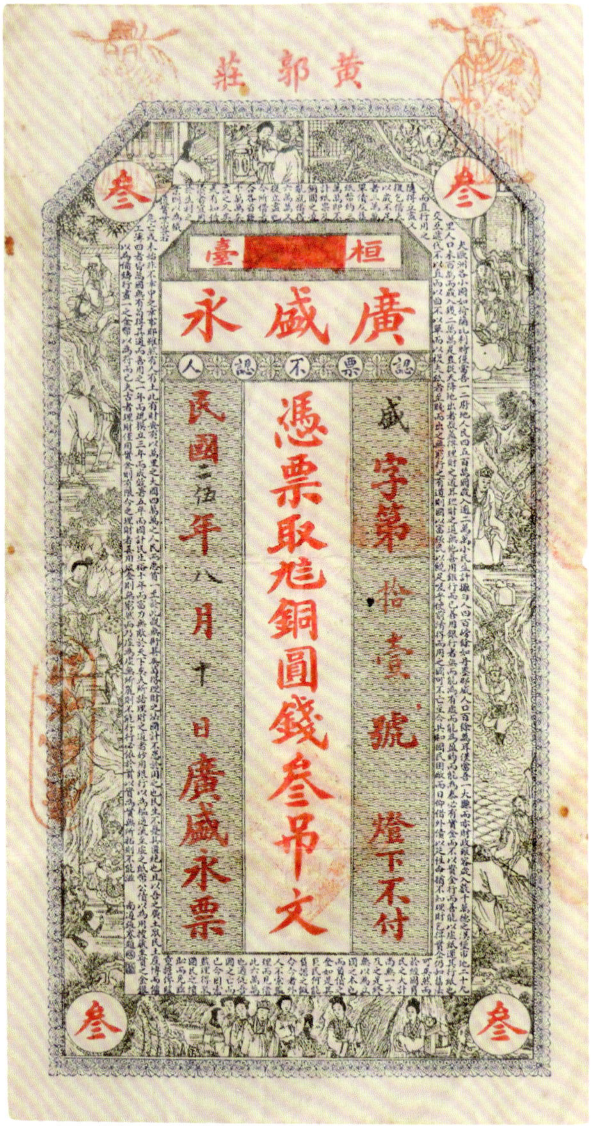

庄号：广盛永

颜色：蓝 / 蓝

地址：桓台黄郭庄

票幅：191 × 103mm

面值：叁吊

印制：未标识　民国二十五年

庄号： 万顺永

颜色： 灰绿 / 灰绿

地址： 桓台演马庄

票幅： 108 × 61mm

面值： 贰角

印制： 济南普利门外恒记胶版印　民国二十七年

庄号：万顺永

颜色：蓝 / 灰绿

地址：桓台演马庄

票幅：108 × 61mm

面值：叁角

印制：济南普利门外恒记胶版印　民国二十七年

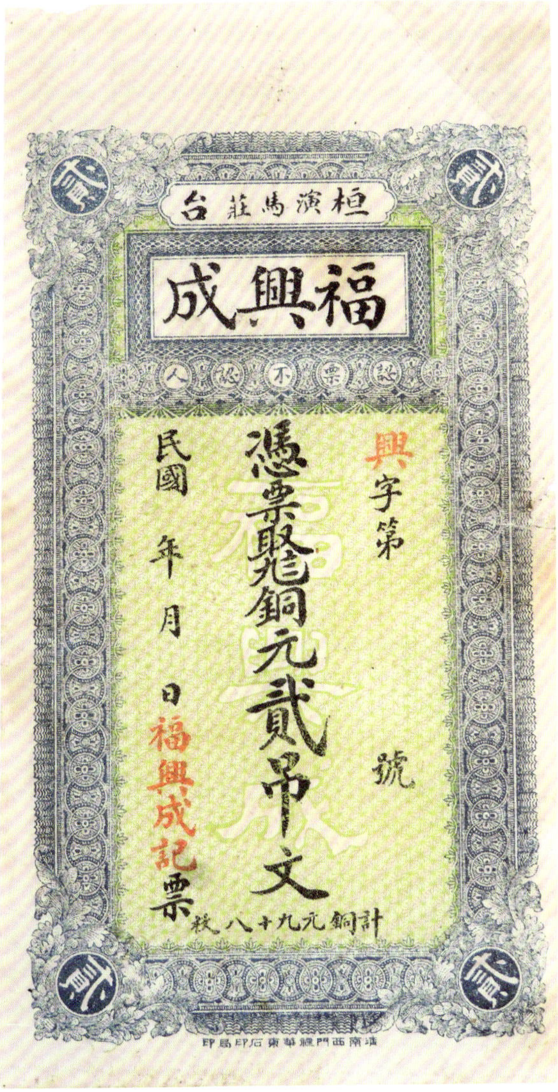

庄号： 福兴成

颜色： 蓝黄 / 蓝

地址： 桓台演马庄

票幅： 181 × 94mm

面值： 贰吊

印制： 济南西门里华东石印局印

庄号：元亨栈

颜色：绿 / 棕红

地址：桓台索镇

票幅：104 × 63mm

面值：贰角

印制：索镇吉□印刷局印　民国二十一年

庄号：聚丰恒

颜色：绿 / 棕

地址：桓台索镇河东

票幅：122 × 68mm

面值：贰角

印制：未标识　民国二十二年

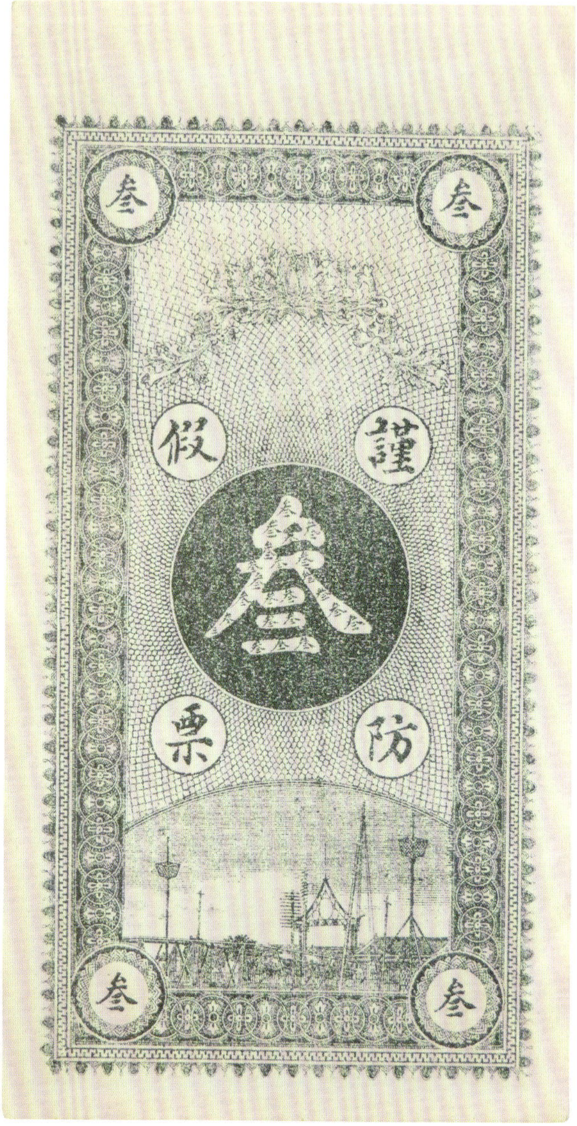

庄号： 益顺和

颜色： 黄灰 / 蓝

地址： 桓台索镇

票幅： 185 × 95mm

面值： 叁吊

印制： 济南西门里华东石印局印

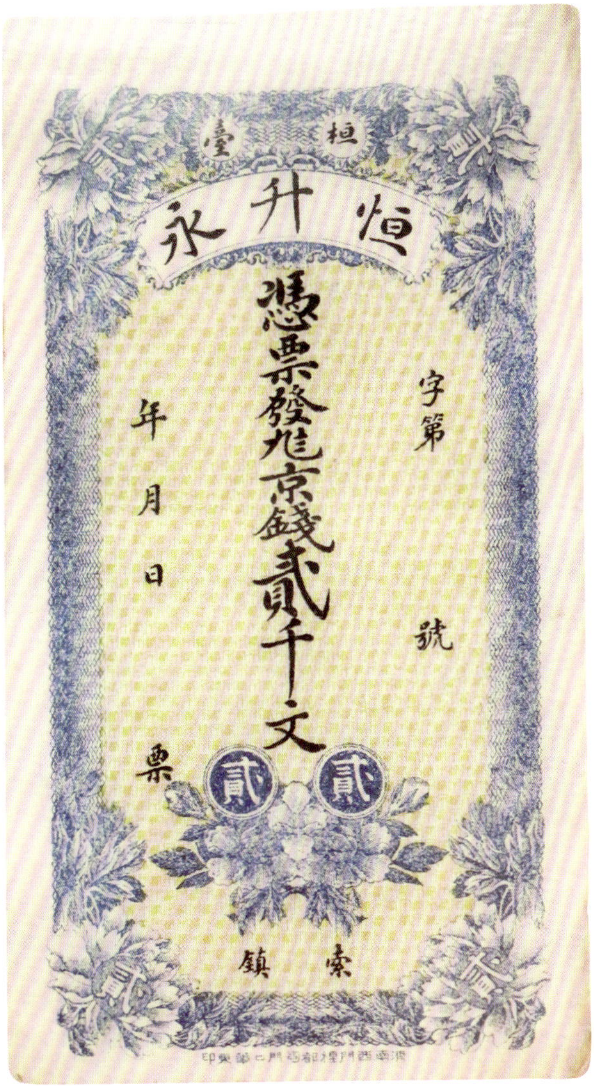

庄号： 恒升永

颜色： 黄蓝 / 绿

地址： 桓台索镇

票幅： 185 × 102mm

面值： 贰千文

印制： 济南西门里都司门口华东印

庄号：同聚祥

颜色：棕 / 绿

地址：桓台东南乡老官庄

票幅：111 × 60mm

面值：贰角

印制：同聚祥印　民国二十七年

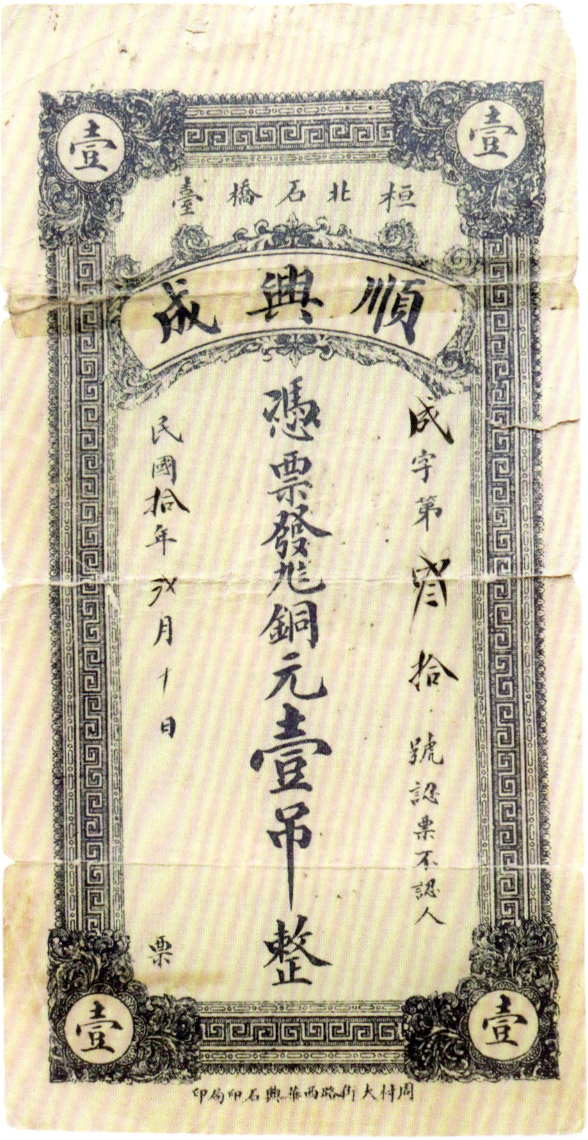

庄号：顺兴成

颜色：灰 / 棕

地址：桓台北石桥

票幅：192×101mm

面值：壹吊

印制：周村大街路西华兴石印局印　民国十年二月

庄号：东庆和

颜色：蓝红 / 灰绿

地址：桓台唐山街

票幅：201 × 104mm

面值：壹吊

印制：济南西门里华东石印局印

庄号：复庆祥银号

颜色：蓝黄 / 红

地址：桓台城里

票幅：不详

面值：贰吊

印制：不清　民国十三年三月

临 淄

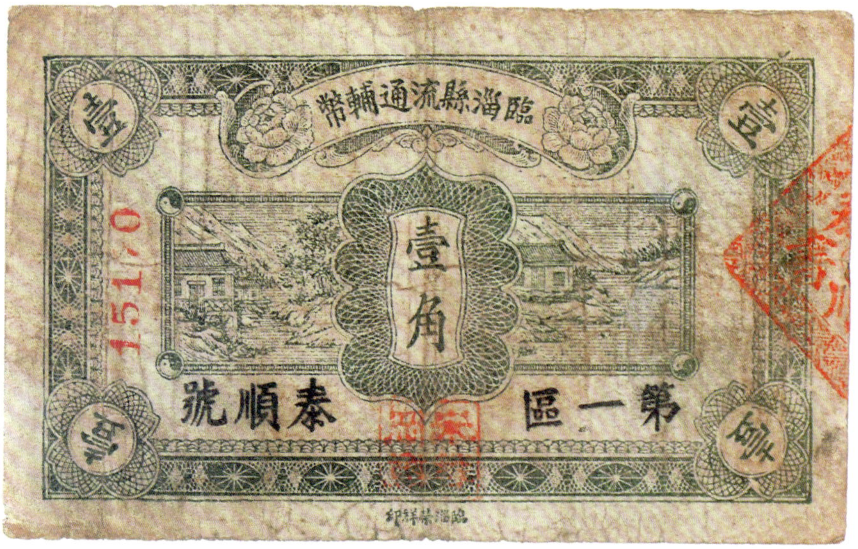

票名：临淄县流通辅币

颜色：绿 / 红

地址：临淄第一区

票幅：115 × 71mm

面值：壹角

印制：临淄荣祥印

票名：临淄县流通辅币

颜色：棕 / 蓝

地址：临淄第一区傅家庙

票幅：117×72mm

面值：贰角

印制：未标识

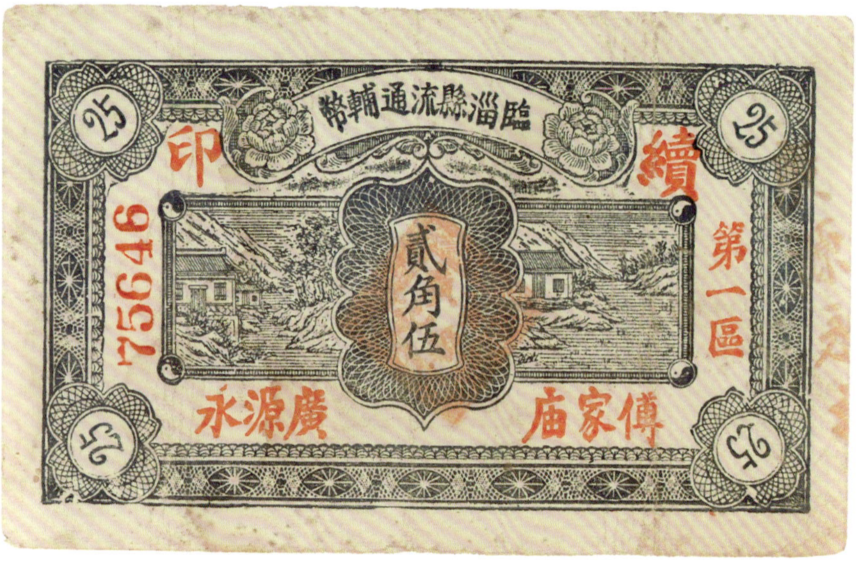

票名：临淄县流通辅币

颜色：蓝 / 绿

地址：临淄第一区傅家庙

票幅：115 × 72mm

面值：贰角伍

印制：未标识

票名：临淄县流通辅币

颜色：棕红 / 棕红

地址：临淄第三区官道庄

票幅：113 × 70mm

面值：伍角

印制：未标识

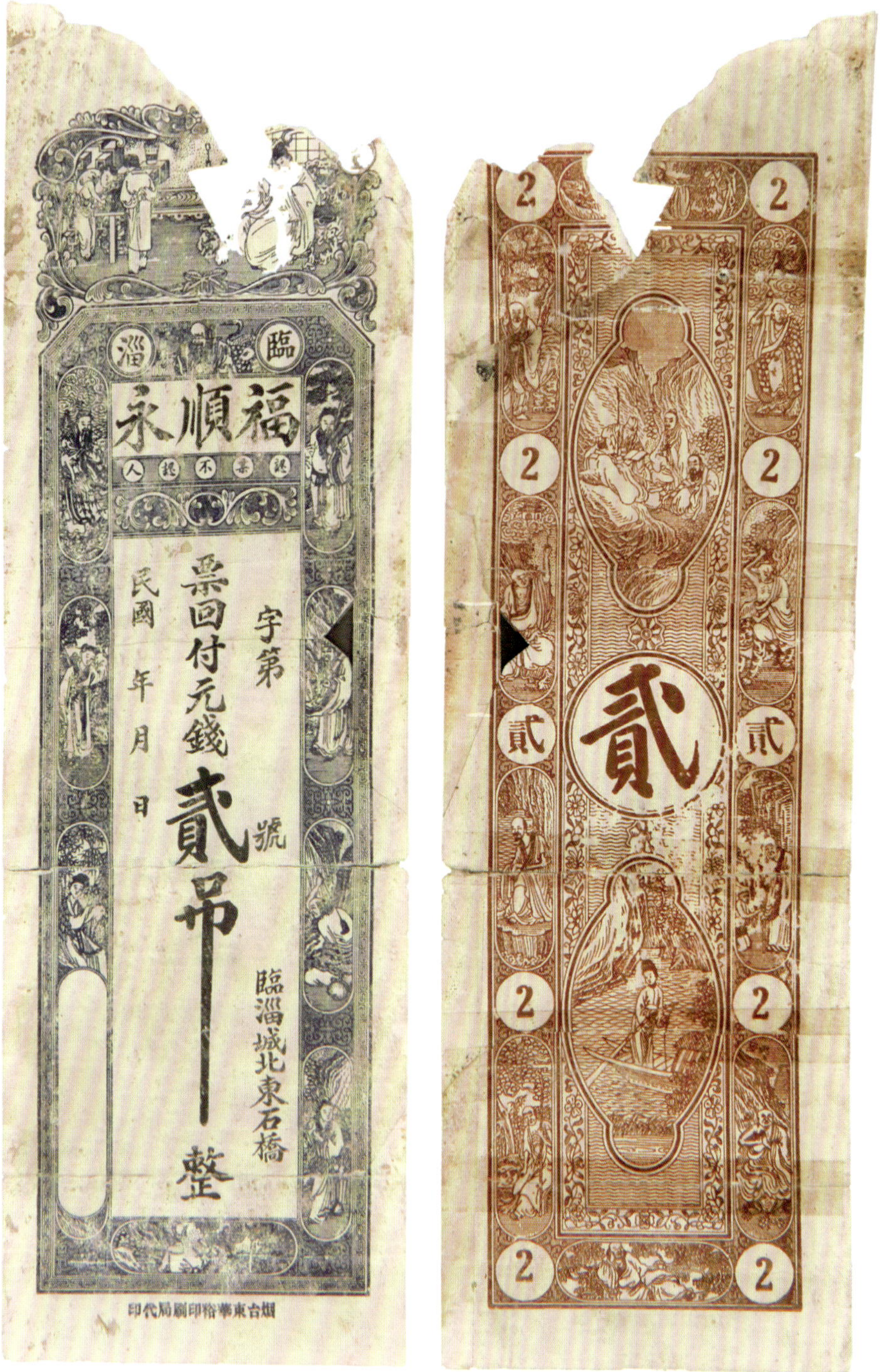

庄号：福顺永

颜色：蓝 / 棕

地址：临淄城北东石桥

票幅：240 × 75mm

面值：贰吊

印制：烟台东华裕印刷局代印

庄号：同祥成

颜色：绿 / 黑灰

地址：临淄署前路北

票幅：97 × 56mm

面值：壹角

印制：临淄仁昌石印局印

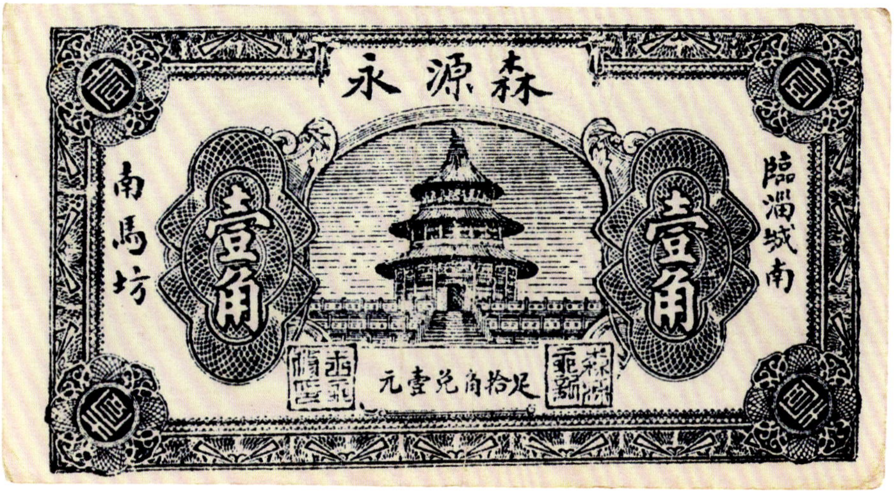

庄号： 森源永

颜色： 蓝 / 红

地址： 临淄城南南马坊

票幅： 119 × 57mm

面值： 壹角

印制： 未标识

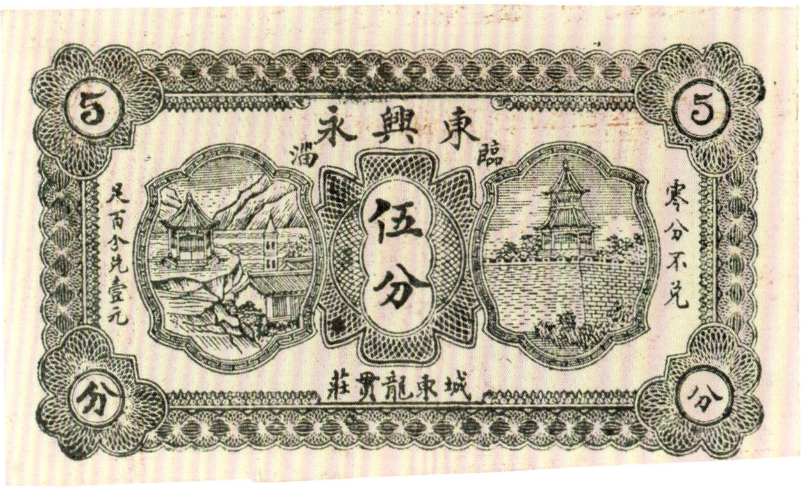

庄号： 东兴永

颜色： 绿 / 棕

地址： 临淄城东龙贯庄

票幅： 107 × 62mm

面值： 伍分

印制： 未标识

庄号： 东兴油坊

颜色： 蓝 / 绿

地址： 临淄城东南龙贯庄

票幅： 103 × 56mm

面值： 贰角

印制： 未标识

庄号：日新池塘

颜色：蓝 / 红

地址：临淄西关

票幅：102 × 63mm

面值：伍分

印制：临淄集成印刷局印

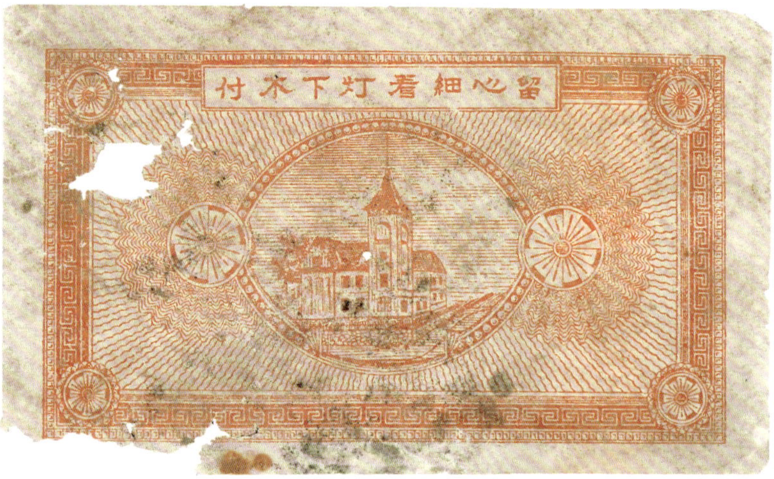

庄号：日新池塘

颜色：蓝 / 红

地址：临淄西关

票幅：102 × 62mm

面值：壹角

印制：临淄集成印刷局印

庄号： 永源号（错配“恒盛泰”背）

颜色： 蓝 / 棕红

地址： 临淄西关东首

票幅： 257 × 79mm

面值： 壹吊

印制： 未标识

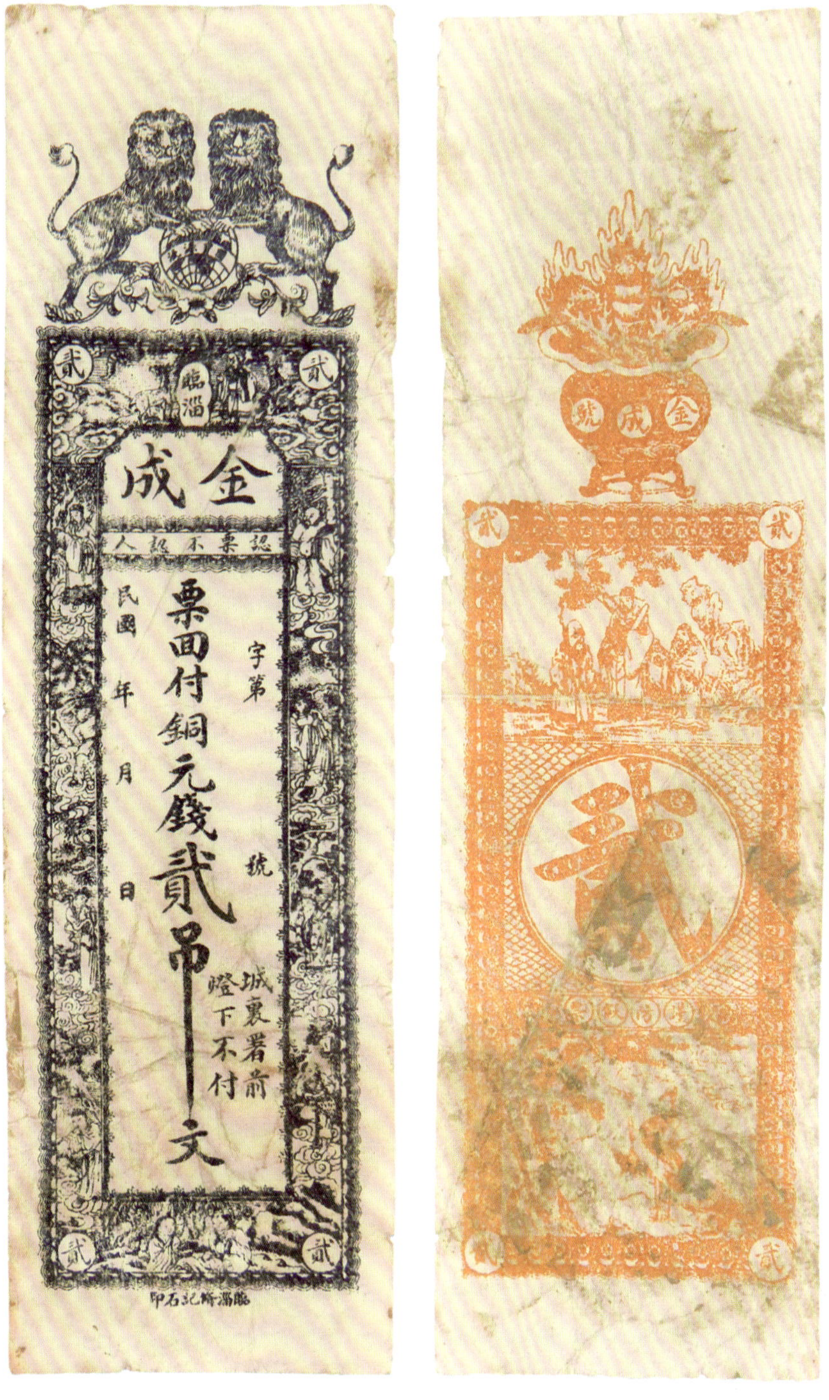

庄号：金成

颜色：蓝 / 红

地址：临淄城里署前

票幅：261 × 75mm

面值：贰吊

印制：临淄脩记石印

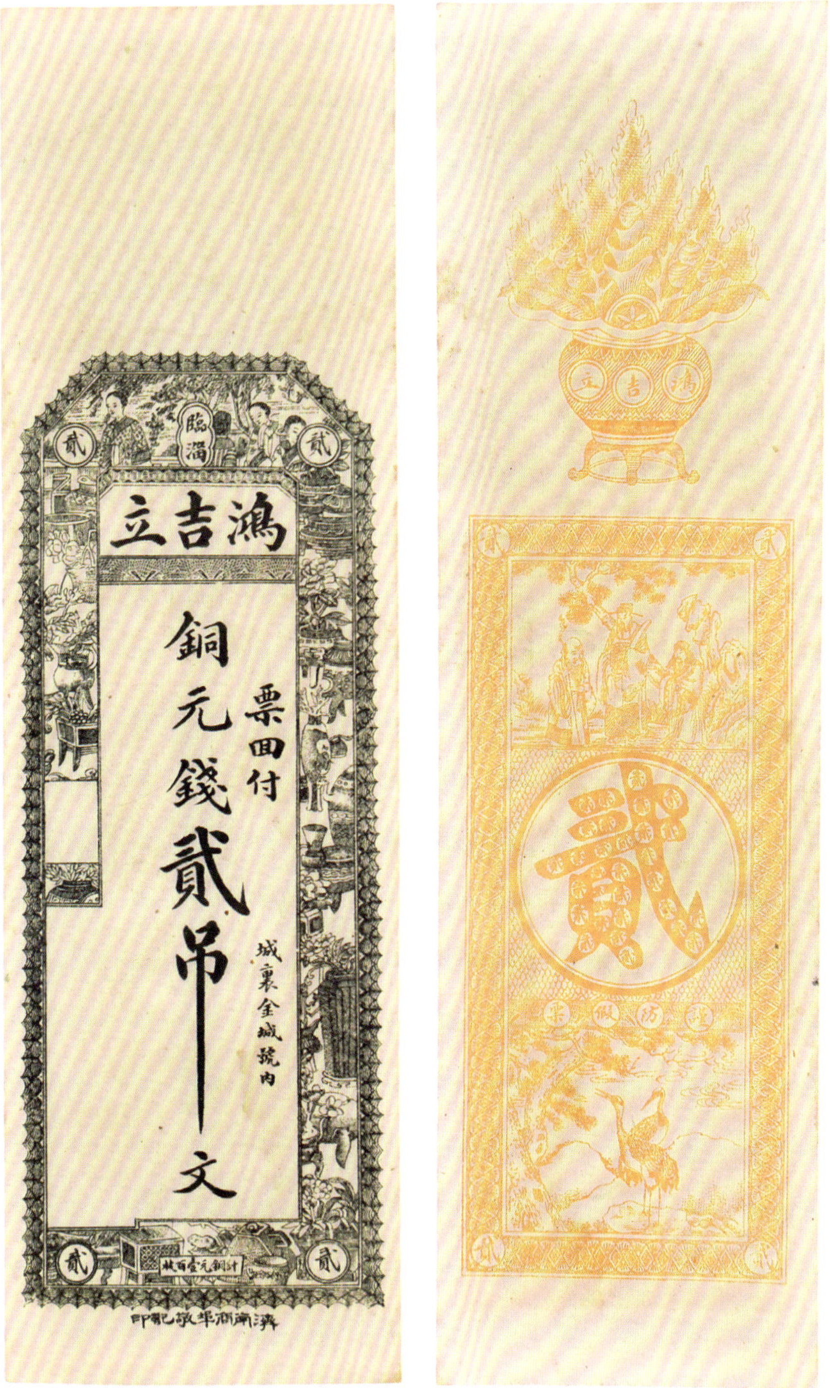

庄号：鸿吉立

颜色：蓝 / 黄

地址：临淄城里金城号内

票幅：260 × 76mm

面值：贰吊

印制：济南商埠敬记印

庄号：鸿吉立

颜色：蓝 / 黄

地址：临淄城里金城号内

票幅：260 × 76mm

面值：叁吊

印制：济南商埠敬记印

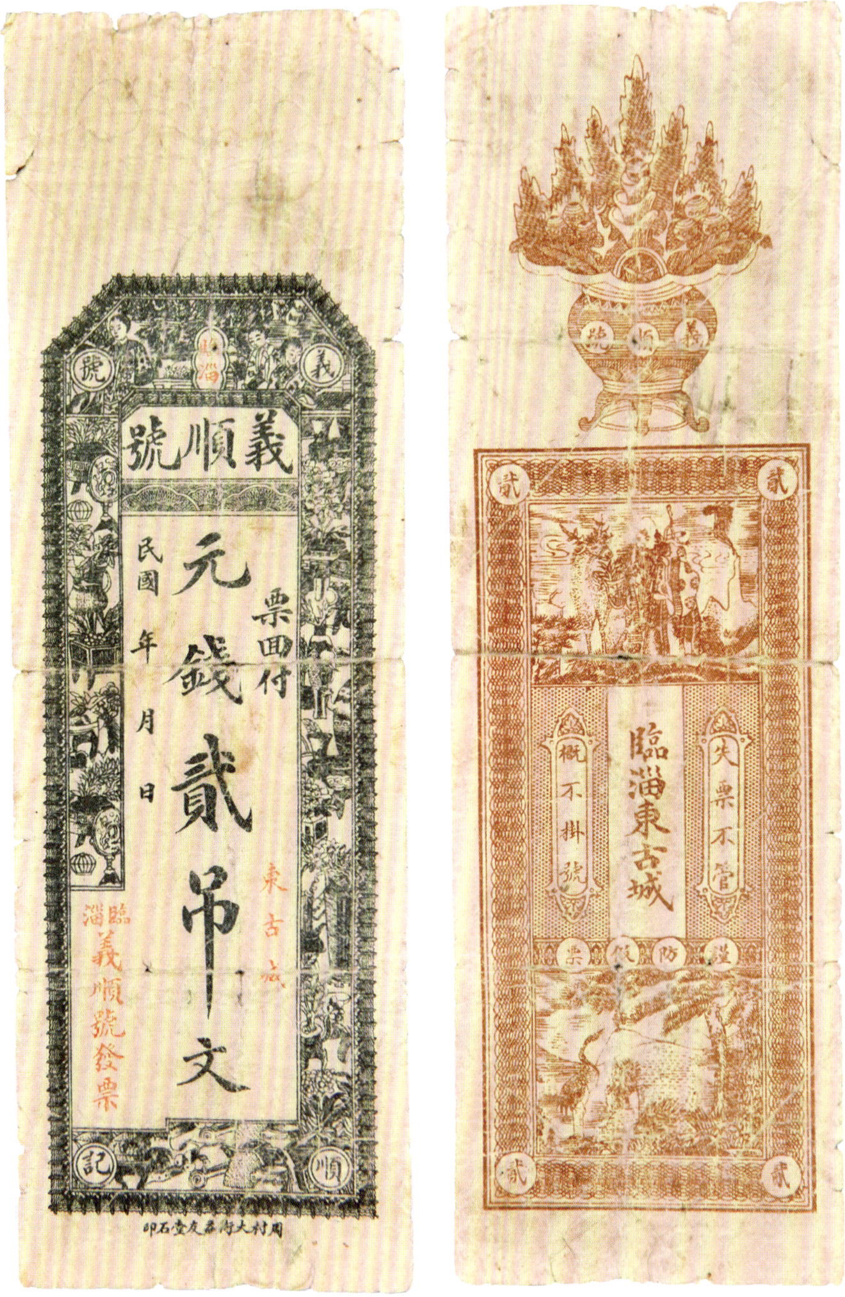

庄号：义顺号

颜色：蓝 / 棕

地址：临淄东古城

票幅：240 × 77mm

面值：贰吊

印制：周村大街益友堂石印

庄号：德兴永（错配“永源号”背）

颜色：蓝 / 绿

地址：临淄国家庄

票幅：257 × 77mm

面值：壹吊

印制：未标识

庄号： 德兴永

颜色： 绿 / 光背

地址： 临淄国家庄

票幅： 259 × 78mm

面值： 贰吊

印制： 未标识

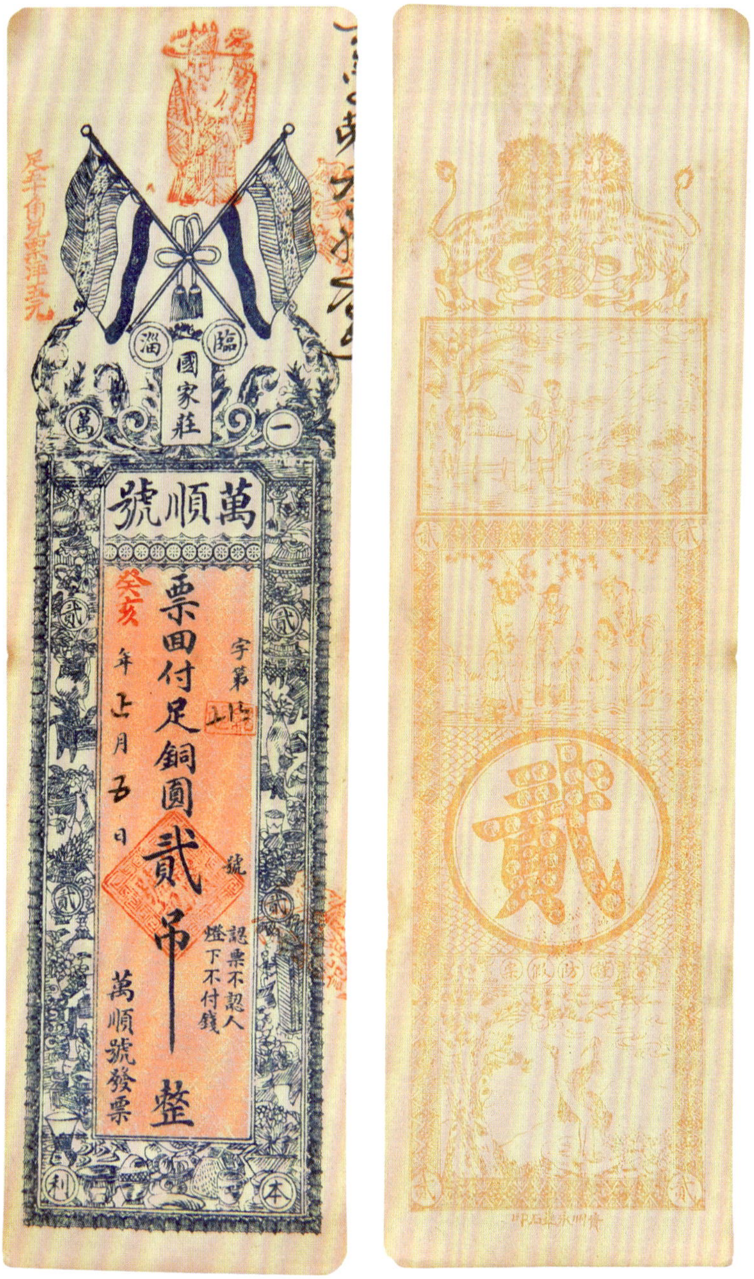

庄号： 万顺号

颜色： 蓝 / 黄

地址： 临淄国家庄

票幅： 265 × 78mm

面值： 贰吊

印制： 青州永华石印　民国十二年

庄号： 真一堂

颜色： 蓝 / 灰绿

地址： 临淄城东北彭家庄

票幅： 106 × 60mm

面值： 壹角

印制： 隆兴德印　民国二十八年

庄号：真一堂

颜色：蓝 / 灰绿

地址：临淄城东北彭家庄

票幅：108 × 60mm

面值：贰角

印制：隆兴德印　民国二十八年

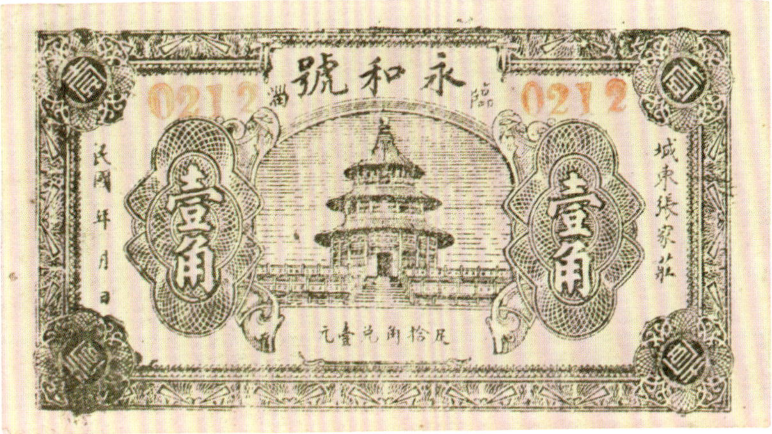

庄号：永和号

颜色：绿 / 棕

地址：临淄城东张家庄

票幅：105 × 59mm

面值：壹角

印制：未标识

庄号：永和号

颜色：绿 / 棕

地址：临淄城东张家庄

票幅：105 × 59mm

面值：贰角

印制：未标识

庄号：广顺祥

颜色：棕粉 / 绿

地址：临淄城北訾家郭村

票幅：108 × 67mm

面值：壹角

印制：广饶教育书社代印

庄号：广顺祥

颜色：棕 / 黄

地址：临淄城北訾家郭村

票幅：108 × 67mm

面值：贰角

印制：广饶教育书社代印

票名：五福堂临时兑换券

颜色：绿 / 棕

地址：临淄城东北上庄

票幅：112 × 61mm

面值：贰角

印制：未标识　民国二十三年印

庄号： 庆丰号

颜色： 灰 / 绿

地址： 临淄城东五路口

票幅： 108 × 62mm

面值： 壹角

印制： 隆兴德印

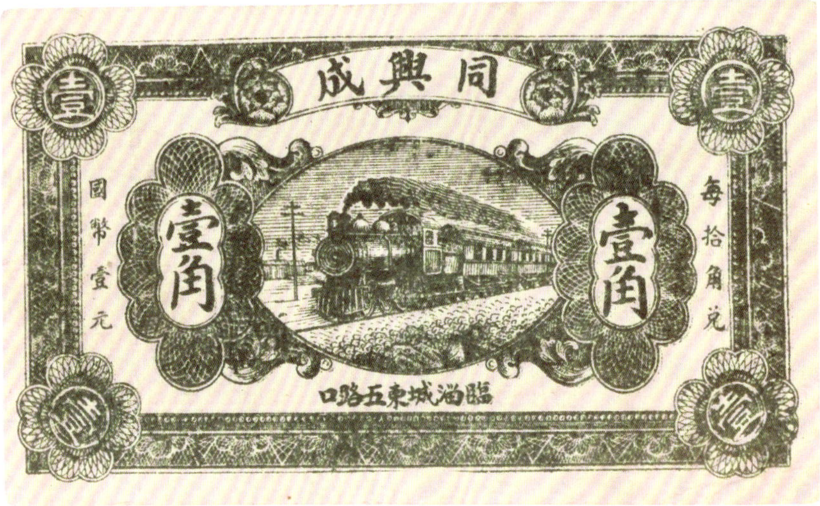

庄号： 同兴成

颜色： 绿 / 红

地址： 临淄城东五路口

票幅： 107 × 64mm

面值： 壹角

印制： 未标识

庄号：同兴成

颜色：绿 / 红

地址：临淄城东五路口

票幅：109 × 64mm

面值：叁角

印制：未标识

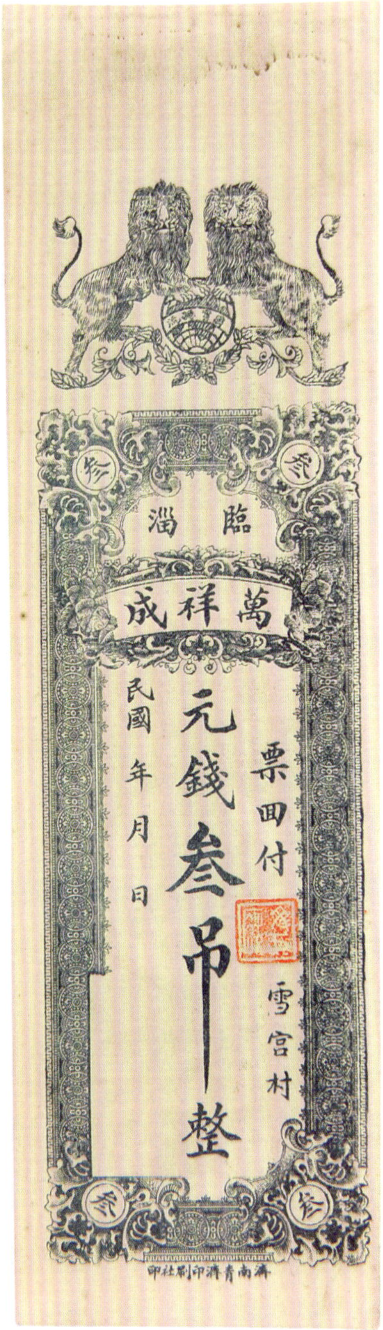

庄号：万祥成

颜色：蓝 / 棕

地址：临淄雪宫村

票幅：265 × 75mm

面值：叁吊

印制：济南青济印刷社印

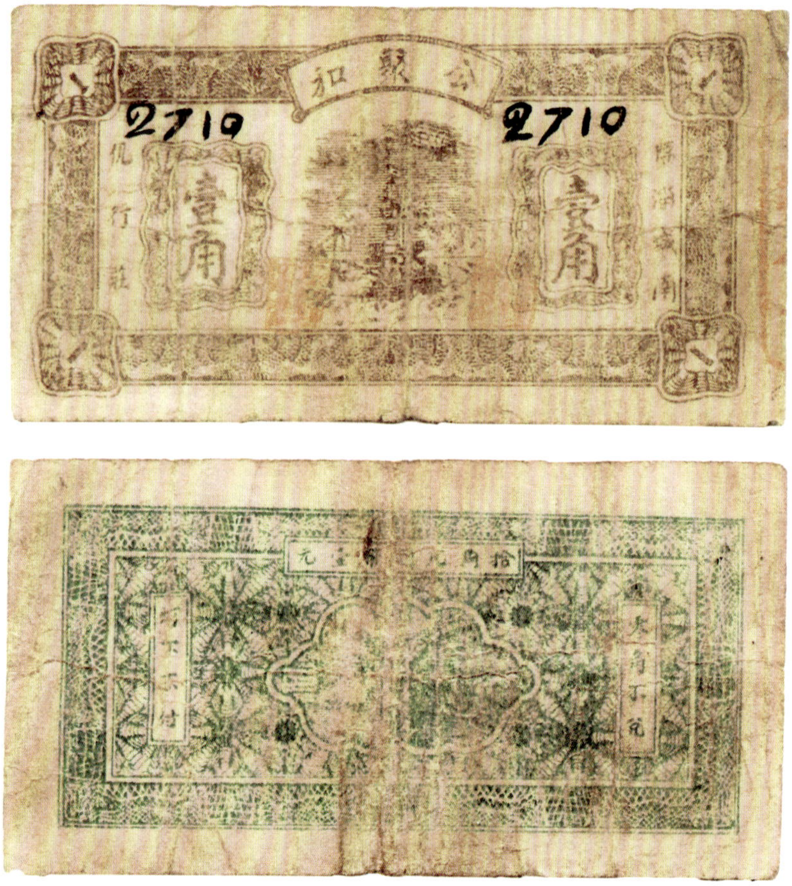

庄号： 公聚和

颜色： 棕黄 / 绿

地址： 临淄城南仉行庄

票幅： 103 × 54mm

面值： 壹角

印制： 未标识

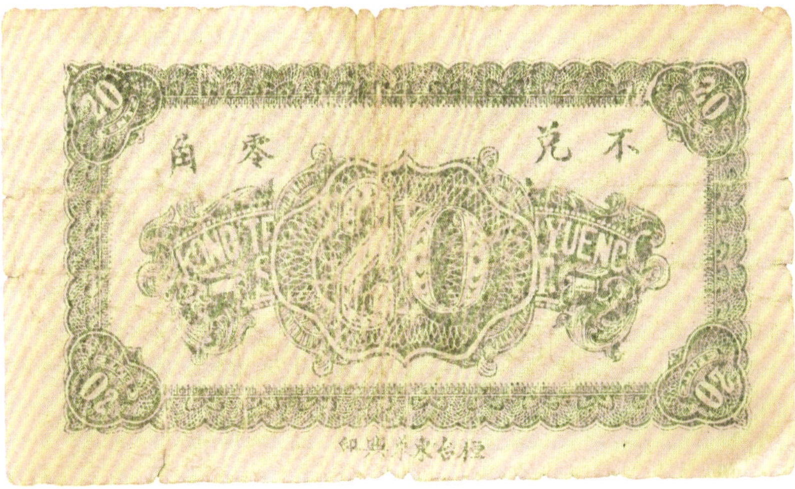

庄号：德祥昌

颜色：蓝 / 绿

地址：临淄城南张行

票幅：107 × 63mm

面值：贰角

印制：桓台东来兴印

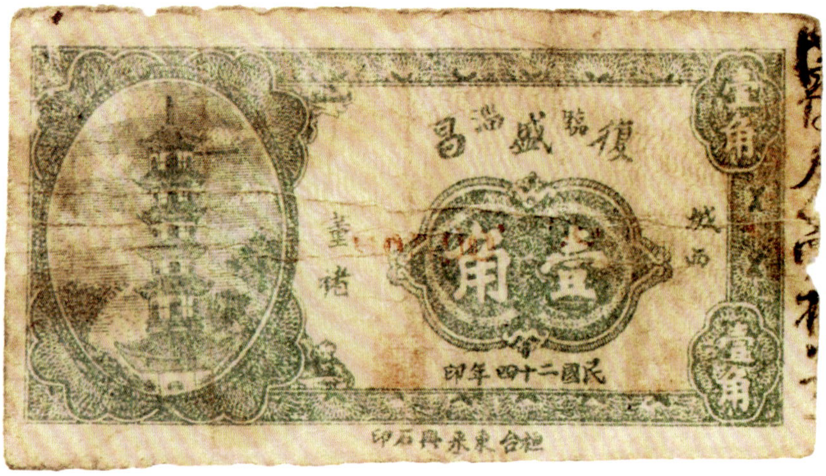

庄号：复盛昌

颜色：绿 / 灰

地址：临淄城西董褚

票幅：111 × 62mm

面值：壹角

印制：桓台东来兴石印　民国二十四年印

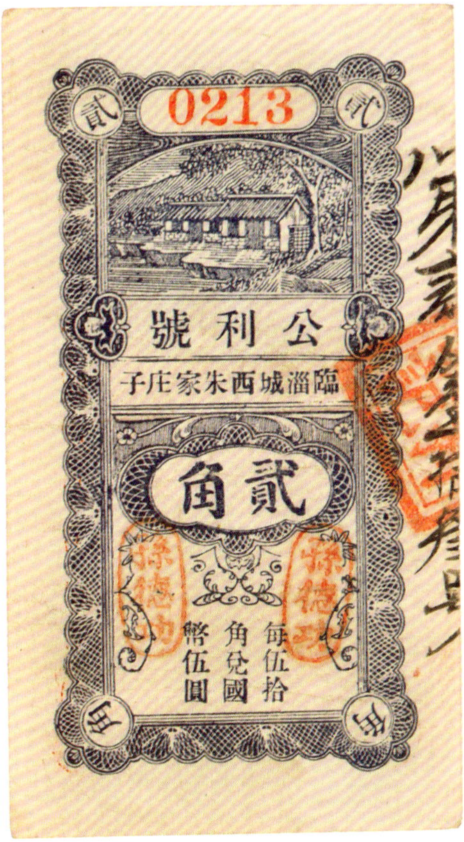

庄号：公利号

颜色：蓝 / 红

地址：临淄城西朱家庄子

票幅：108 × 61mm

面值：贰角

印制：未标识

庄号： 利康记

颜色： 黄 / 蓝

地址： 临淄城东南郑家沟

票幅： 102 × 55mm

面值： 壹角

印制： 未标识

庄号：新成号

颜色：灰绿 / 棕红

地址：临淄城东南南齐陵

票幅：102×63mm

面值：肆分

印制：未标识

庄号：同心成

颜色：蓝 / 棕

地址：临淄城东南王家齐陵

票幅：102 × 58mm

面值：壹角

印制：未标识　民国二十五年印

庄号：德兴永

颜色：绿 / 棕

地址：临淄西齐陵

票幅：100 × 60mm

面值：贰角

印制：未标识

庄号： 日新堂

颜色： 蓝 / 绿

地址： 临淄西齐陵

票幅： 256 × 70mm

面值： 贰吊

印制： 青州卫街广固书庄石印

庄号： 公兴号

颜色： 棕 / 蓝

地址： 临淄第四区北高阳

票幅： 101 × 58mm

面值： 贰角

印制： 未标识

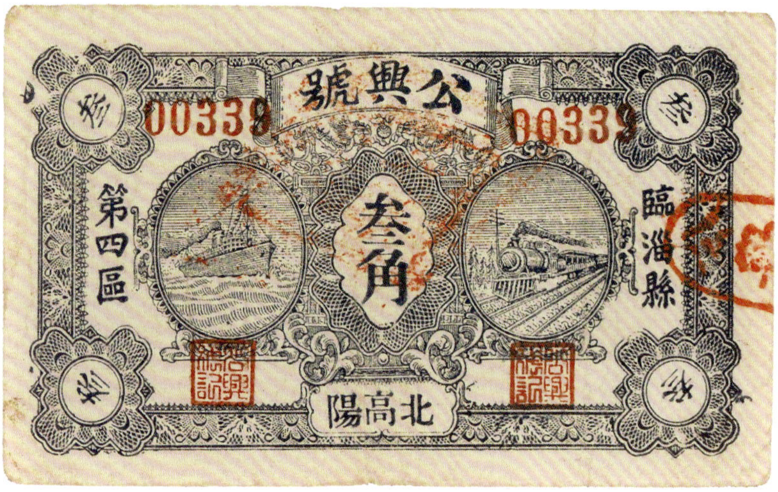

庄号：公兴号

颜色：蓝 / 绿

地址：临淄第四区北高阳

票幅：100 × 60mm

面值：叁角

印制：未标识

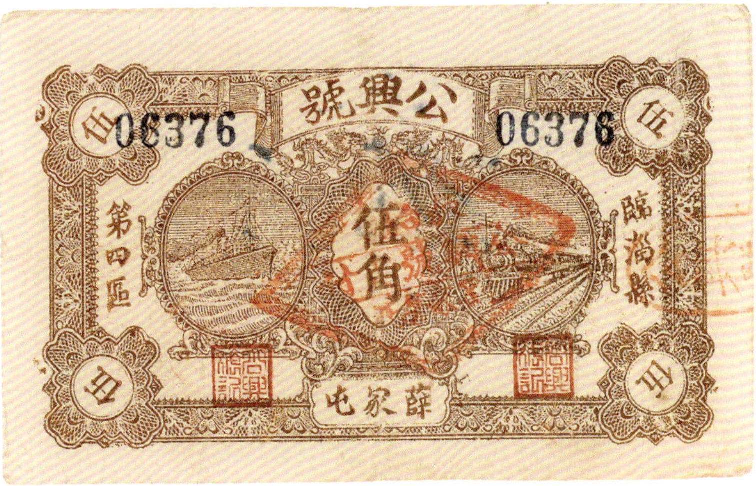

庄号： 公兴号

颜色： 棕 / 红

地址： 临淄第四区薛家屯

票幅： 104 × 63mm

面值： 伍角

印制： 未标识

庄号：谦亨益

颜色：红 / 蓝

地址：临淄西北宁王庄

票幅：96 × 56mm

面值：贰角

印制：未标识　民国二十七年

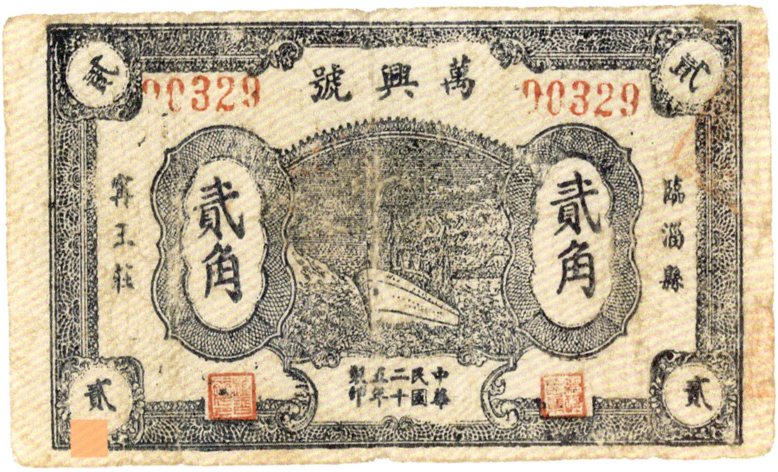

庄号：万兴号

颜色：蓝 / 蓝

地址：临淄宁王庄

票幅：103 × 59mm

面值：贰角

印制：未标识　民国二十五年

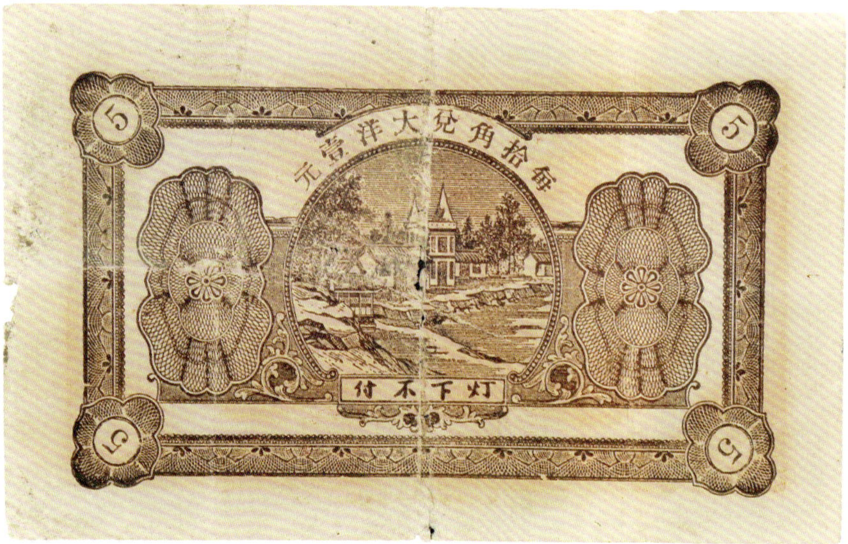

庄号：同义祥

颜色：橙 / 棕

地址：临淄槐树务

票幅：115×72mm

面值：伍分

印制：烟台东华裕印刷局代印　民国二十三年（甲戌年）

庄号：复兴永

颜色：蓝 / 红

地址：临淄城西大路家庄

票幅：107 × 65mm

面值：壹角

印制：青岛济南路公盛代印　民国二十七年

庄号： 协和成

颜色： 蓝 / 红

地址： 临淄城西北王家营子

票幅： 106 × 59mm

面值： 叁分

印制： 青岛济南路公盛印制局印

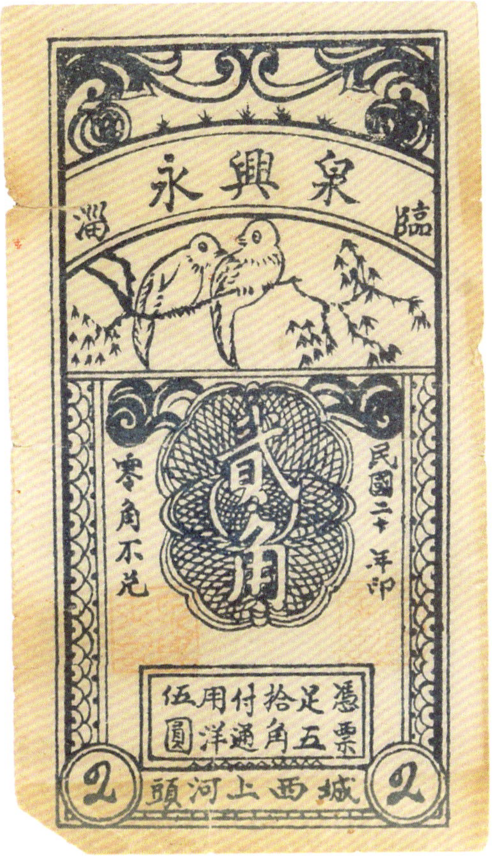

庄号：泉兴永

颜色：蓝 / 红

地址：临淄城西上河头

票幅：99 × 57mm

面值：贰角

印制：未标识　民国二十年

庄号：永兴号

颜色：蓝 / 红

地址：临淄城北耿家坡

票幅：110 × 59mm

面值：贰角

印制：青岛公成印刷局印

庄号：新利车行

颜色：蓝 / 绿

地址：临淄城西王家庄

票幅：108 × 66mm

面值：伍分

印制：临淄裕兴承印

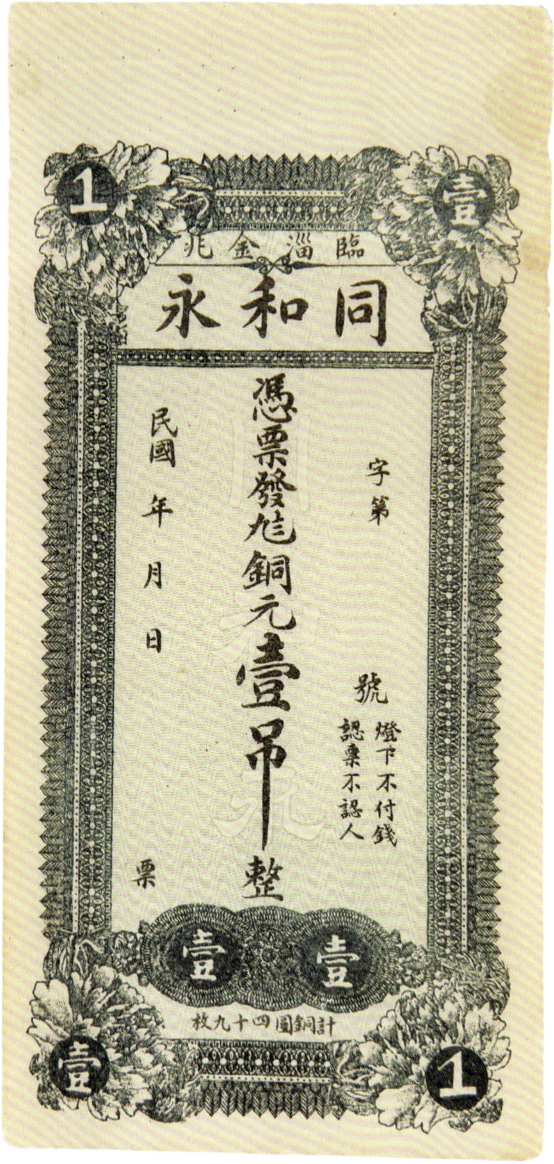

庄号：同和永

颜色：蓝 / 红

地址：临淄金兆

票幅：196 × 96mm

面值：壹吊

印制：济南商埠纬五路郁华斋石印

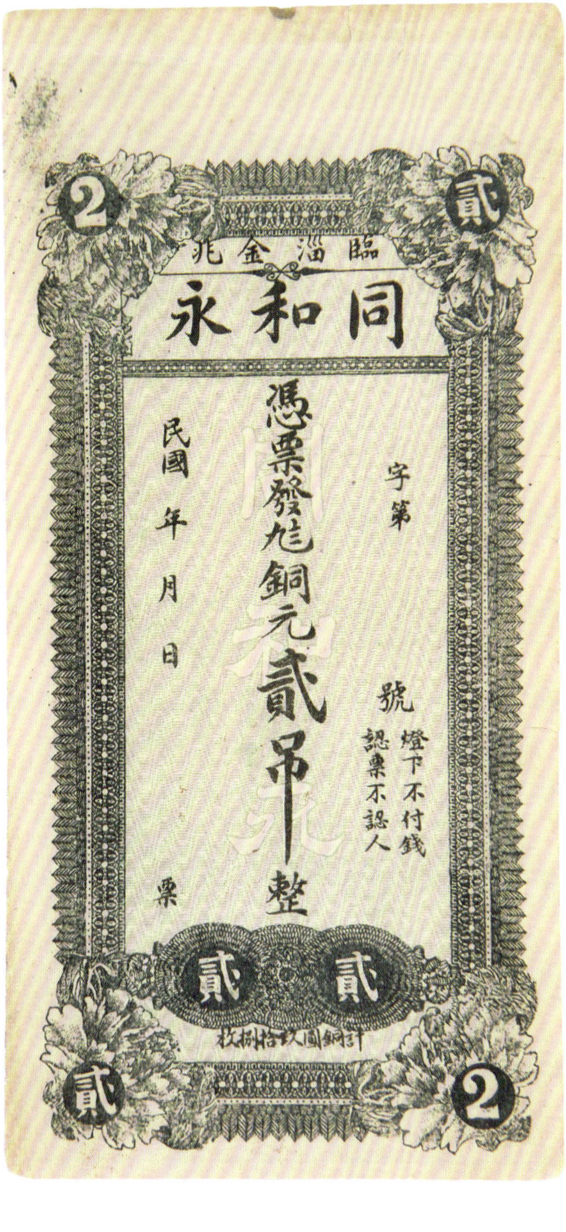

庄号： 同和永

颜色： 蓝 / 红

地址： 临淄金兆

票幅： 196 × 96mm

面值： 贰吊

印制： 济南商埠纬五路郁华斋石印

庄号：义成永

颜色：灰蓝 / 灰黄

地址：临淄金兆

票幅：240 × 71mm

面值：壹吊

印制：济南商埠纬五路郁华斋石印

庄号： 义成永

颜色： 灰蓝 / 灰黄

地址： 临淄金兆

票幅： 240 × 71mm

面值： 贰拾伍枚

印制： 济南商埠纬五路郁华斋石印

庄号： 信昌号

颜色： 棕 / 棕

地址： 临淄城北白兔丘

票幅： 106 × 61mm

面值： 壹角

印制： 济南西门里□□印制局胶版印　民国二十三年

庄号：东和号

颜色：蓝 / 棕

地址：临淄城北东姬王庄

票幅：111 × 61mm

面值：贰角

印制：未标识

庄号：东泰成

颜色：蓝粉 / 蓝

地址：益都城西徐旺庄

票幅：139 × 98mm

面值：肆佰文

印制：淄川西关顺和堂石印局印　民国十三年

庄号： 东泰成

颜色： 蓝粉 / 蓝

地址： 益都城西徐旺庄

票幅： 139 × 98mm

面值： 陆佰文

印制： 淄川西关顺和堂石印局印　民国十三年

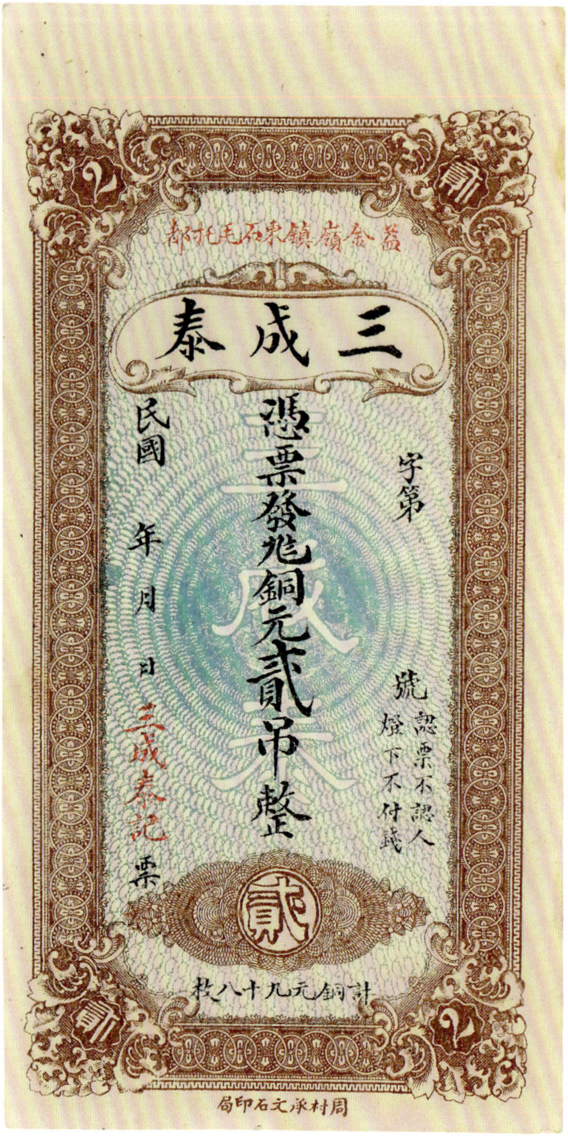

庄号：三成泰

颜色：棕 / 蓝

地址：益都金岭镇东石毛托村

票幅：189 × 98mm

面值：贰吊

印制：周村承文石印局

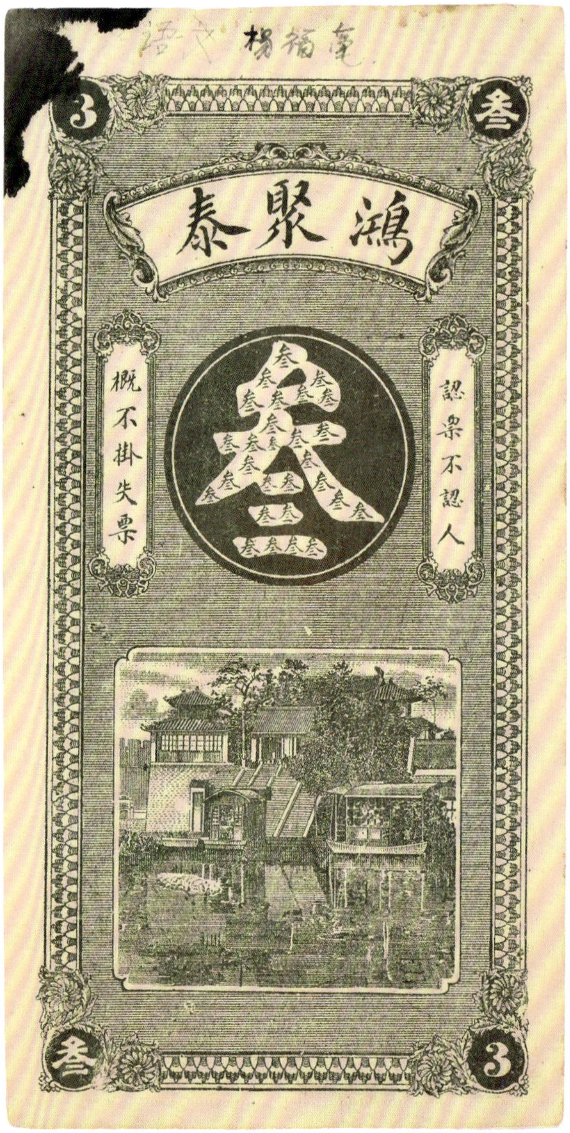

庄号： 鸿聚泰

颜色： 蓝黄 / 绿

地址： 益都南刘东

票幅： 183 × 95mm

面值： 叁吊

印制： 青州文友斋印

庄号：义成号

颜色：绿黄 / 棕

地址：益都城西袁家上庄

票幅：190 × 100mm

面值：贰吊

印制：青州文友斋石印

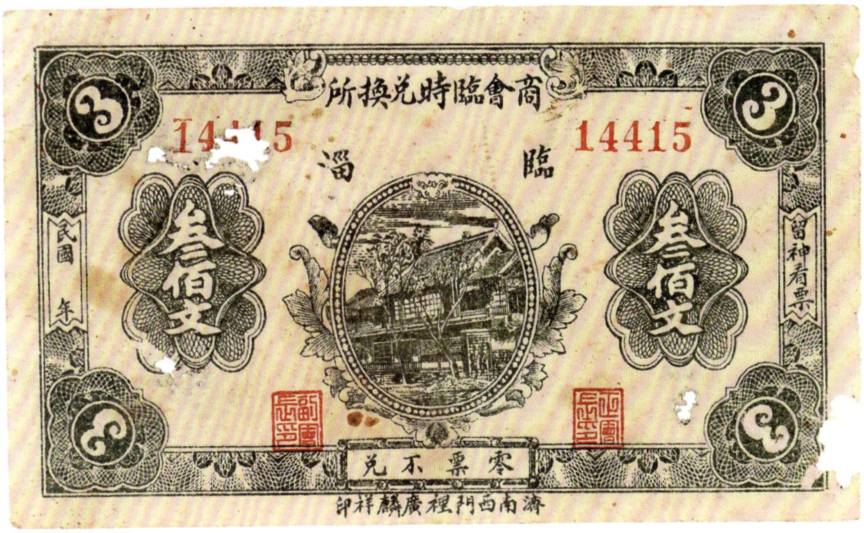

庄号：临淄商会临时兑换所

颜色：蓝 / 绿

地址：临淄

票幅：115 × 58mm

面值：叁佰文

印制：济南西门里广麟祥印

高 青

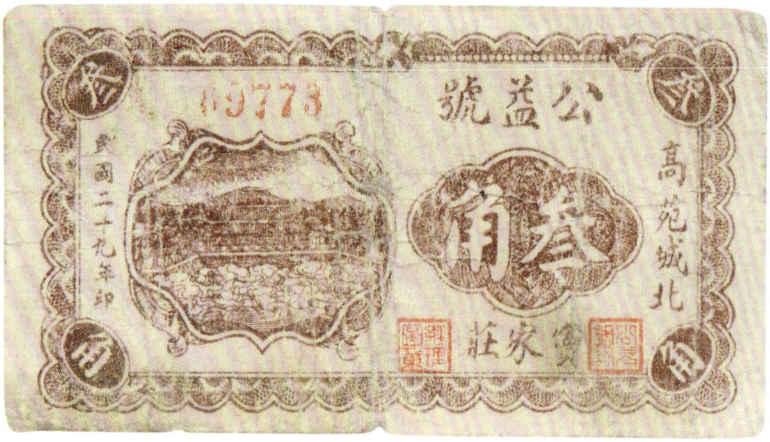

庄号： 公益号

颜色： 棕 / 蓝

地址： 高苑城北窦家庄

票幅： 101 × 56mm

面值： 叁角

印制： 未标识　民国二十九年

庄号：公益号

颜色：棕 / 蓝

地址：高苑城北窦家庄

票幅：102 × 59mm

面值：伍角

印制：未标识　民国二十九年

庄号： 公益号

颜色： 红 / 灰绿

地址： 高苑城北窦家庄

票幅： 110 × 62mm

面值： 贰圆

印制： 未标识　民国三十年

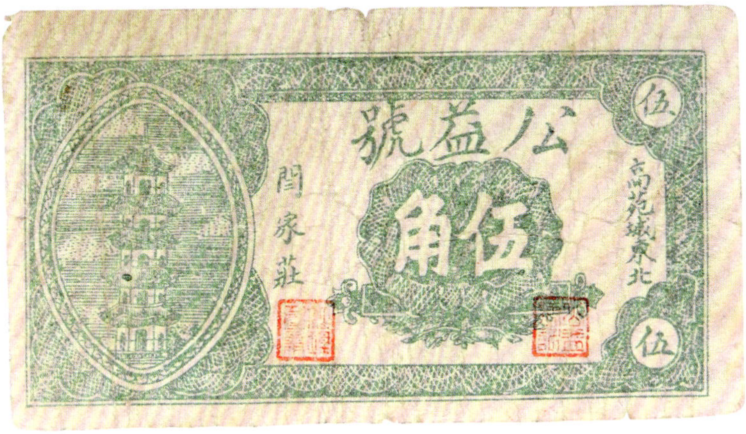

庄号： 公益号

颜色： 绿 / 绿

地址： 高苑城东北闫家庄

票幅： 98 × 54mm

面值： 伍角

印制： 未标识

庄号：裕民号

颜色：红 / 红

地址：高苑城北孙家集

票幅：103 × 58mm

面值：伍角

印制：未标识　民国二十九年

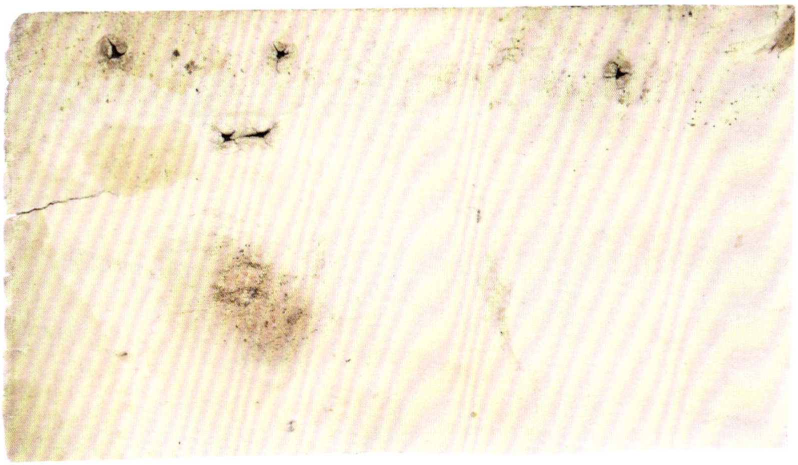

庄号：德兴永

颜色：灰绿 / 光背

地址：高苑城东苗家集

票幅：101 × 54mm

面值：伍分

印制：未标识　民国二十六年

庄号： 同兴永

颜色： 蓝 / 绿

地址： 高苑城北郭家庄

票幅： 192 × 97mm

面值： 壹吊

印制： 北京廊房三条丽华石印

庄号：同兴永

颜色：蓝 / 绿

地址：高苑城北郭家庄

票幅：192 × 97mm

面值：叁吊

印制：北京廊房三条丽华石印

庄号：恒兴泰

颜色：绿 / 蓝

地址：高苑城西白家坞

票幅：196 × 105mm

面值：伍吊

印制：济南西门外路南华彰印刷所印

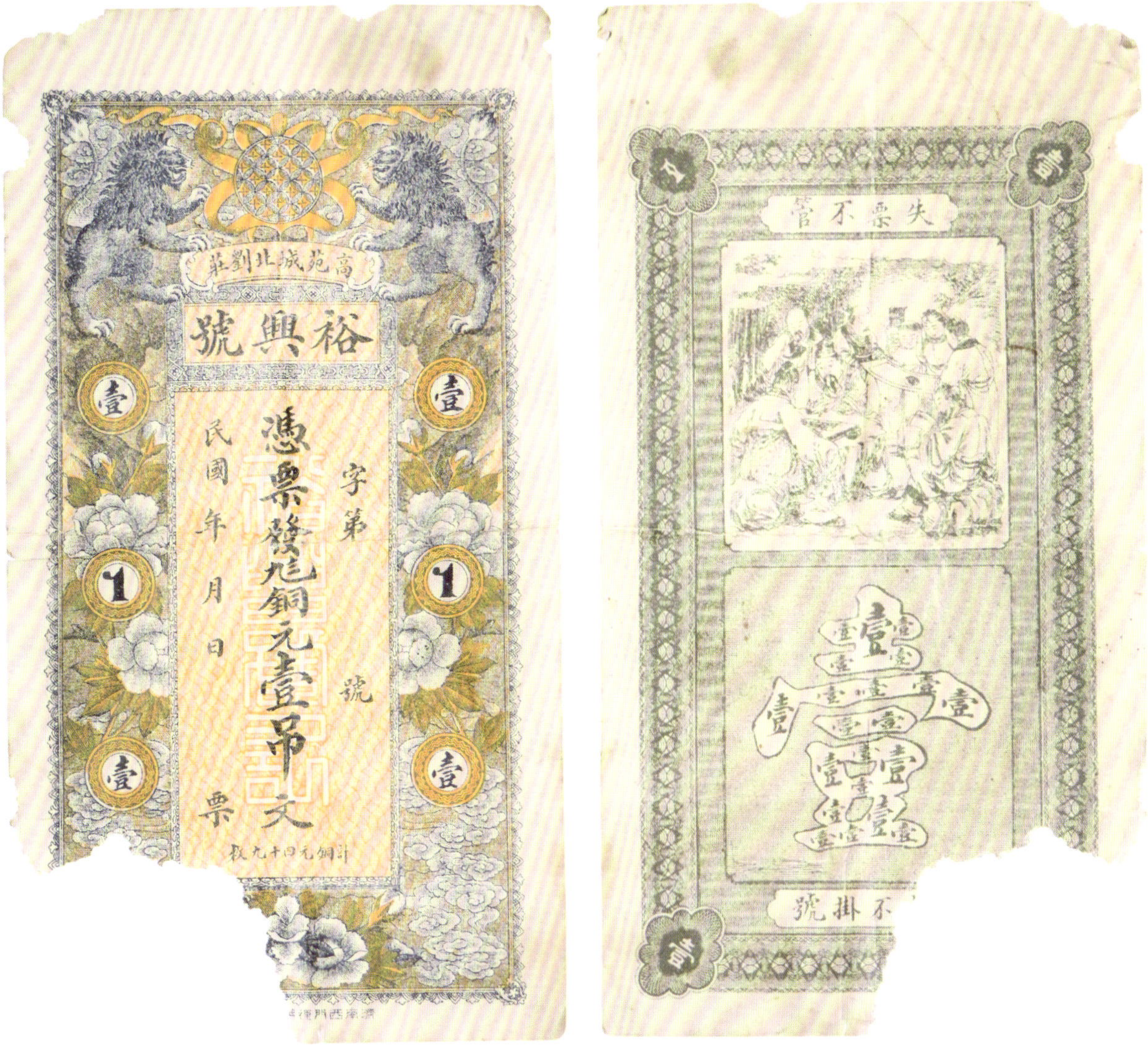

庄号：裕兴号

颜色：蓝棕 / 灰

地址：高苑城北刘庄

票幅：194 × 105mm

面值：壹吊

印制：济南西门里华□□□□

票名： 青城县金融流通券

颜色： 灰 / 灰

地址： 青城

票幅： 不详

面值： 贰角

印制： 未标识

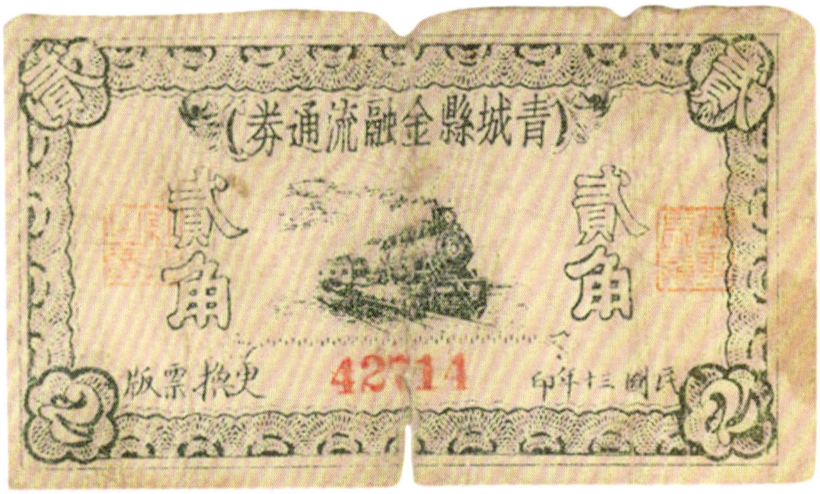

票名： 青城县金融流通券

颜色： 灰 / 灰

地址： 青城

票幅： 不详

面值： 贰角

印制： 未标识　民国三十年

票名： 青城县金融流通券

颜色： 棕 / 棕

地址： 青城

票幅： 不详

面值： 伍角

印制： 未标识

票名：青城县金融流通券

颜色：棕 / 棕

地址：青城

票幅：不详

面值：伍角

印制：未标识　民国三十年

庄号：东兴和

颜色：蓝红 / 红

地址：青城县

票幅：187 × 96mm

面值：壹吊

印制：天津北马路华东石印局石印

沂 源

庄号： 万春成

颜色： 蓝 / 橙

地址： 沂水石龙官庄

票幅： 101 × 60mm

面值： 贰角

印制： 博山三友堂印　民国二十五年

庄号：万春成

颜色：蓝 / 橙

地址：沂水石龙官庄

票幅：101 × 60mm

面值：叁角

印制：博山三友堂印　民国二十五年

庄号： 天和亨

颜色： 蓝 / 蓝

地址： 沂水西北乡前安乐庄

票幅： 190 × 92mm

面值： 壹吊

印制： 周村丝市街裕源石印

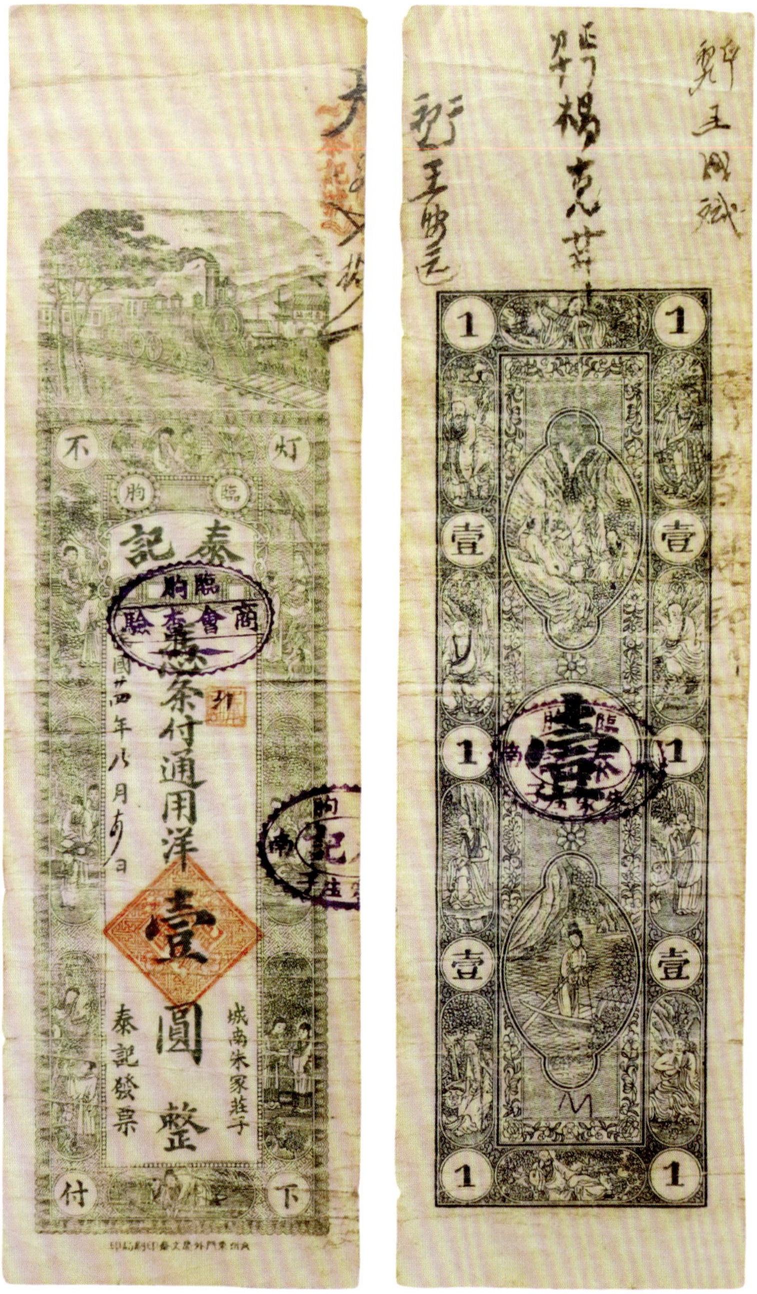

庄号： 泰记

颜色： 绿 / 蓝

地址： 临朐朱家庄子

票幅： 261 × 75mm

面值： 壹圆

印制： 济南东门外庆文斋印刷局印　民国二十四年

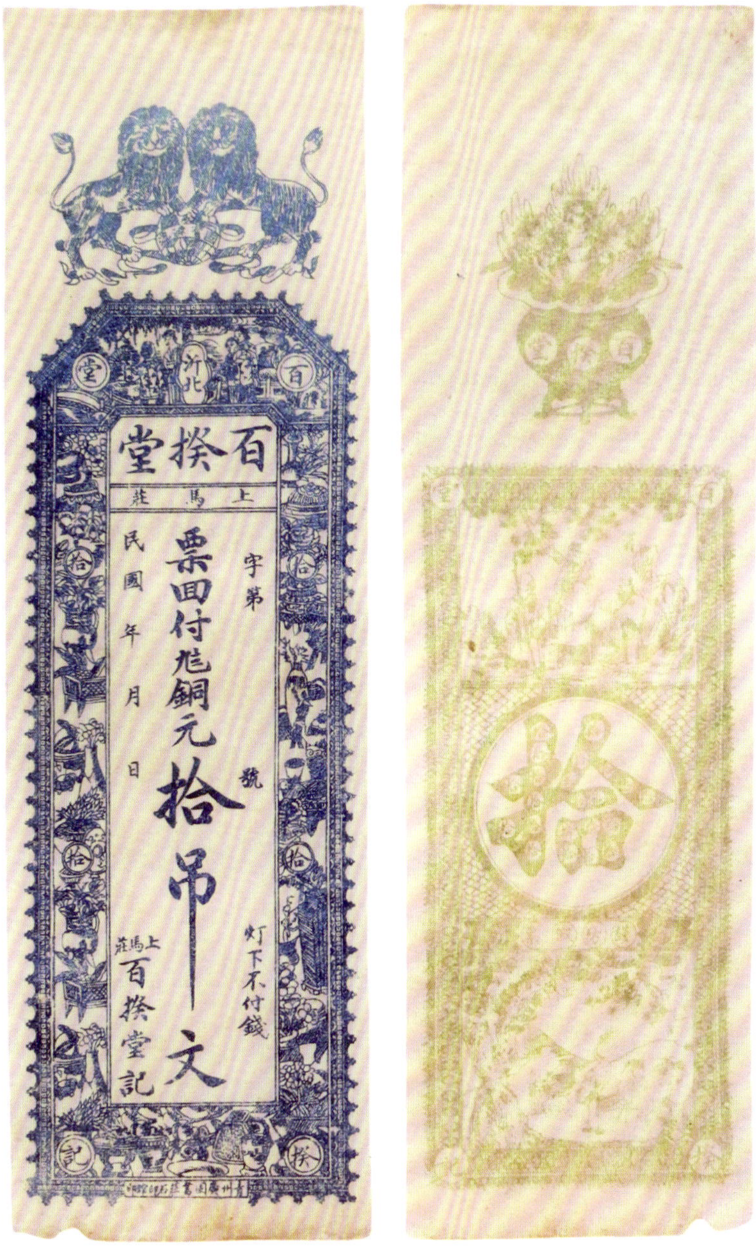

庄号：百揆堂

颜色：蓝 / 绿

地址：沂北上马庄

票幅：258 × 76mm

面值：拾吊

印制：青州广固书庄石印馆印

庄号：恒兴合

颜色：棕黄 / 棕

地址：蒙阴城北关

票幅：258 × 76mm

面值：叁吊

印制：济南西门里华中石印局印

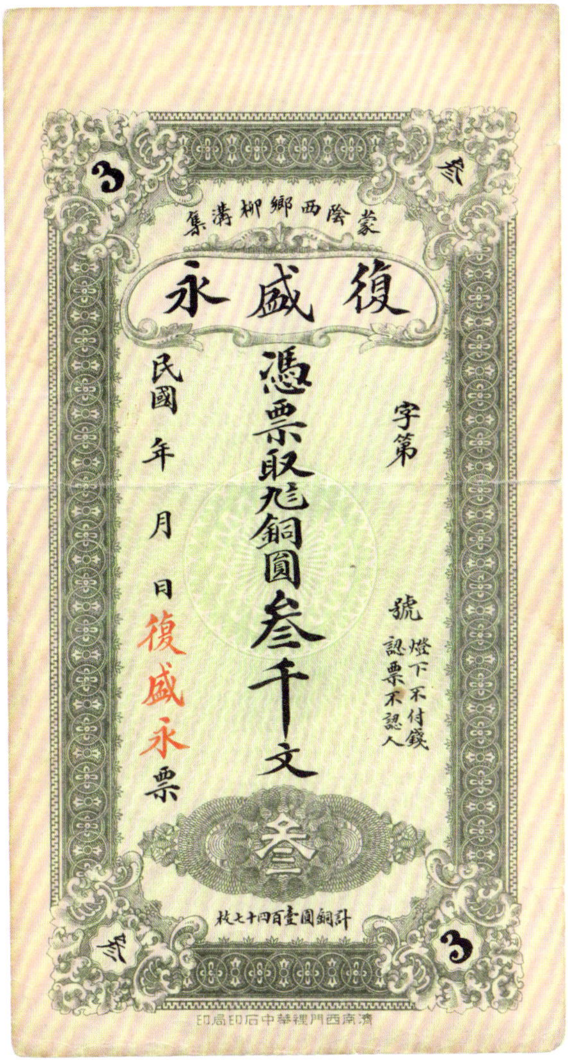

庄号：复盛永

颜色：绿 / 蓝

地址：蒙阴西乡柳沟集

票幅：192 × 103mm

面值：叁千文

印制：济南西门里华中石印局印

庄号：德元成

颜色：红 / 绿

地址：沂水南张庄

票幅：131 × 71mm

面值：壹圆

印制：上海闸北虬江路交通里□华美石印局承印

庄号：同祥泰

颜色：蓝 / 浅绿

地址：沂水悦庄东乡葛庄

票幅：193 × 96mm

面值：贰吊

印制：博山大街会文堂石印局印

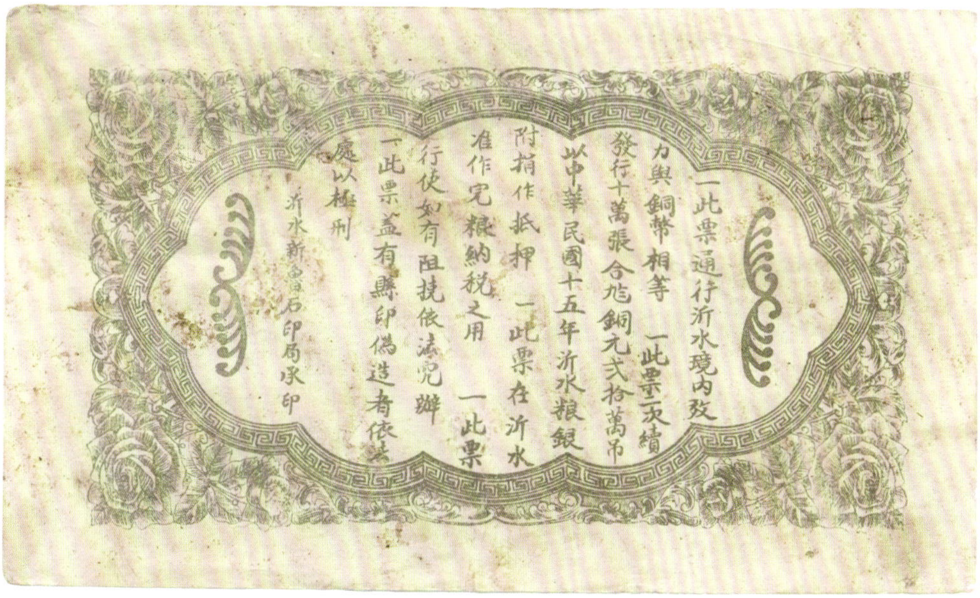

票名：沂水县地方财政处铜圆手票

颜色：蓝 / 绿

地址：沂水

票幅：167 × 98mm

面值：贰吊

印制：沂水新鲁石印局承印

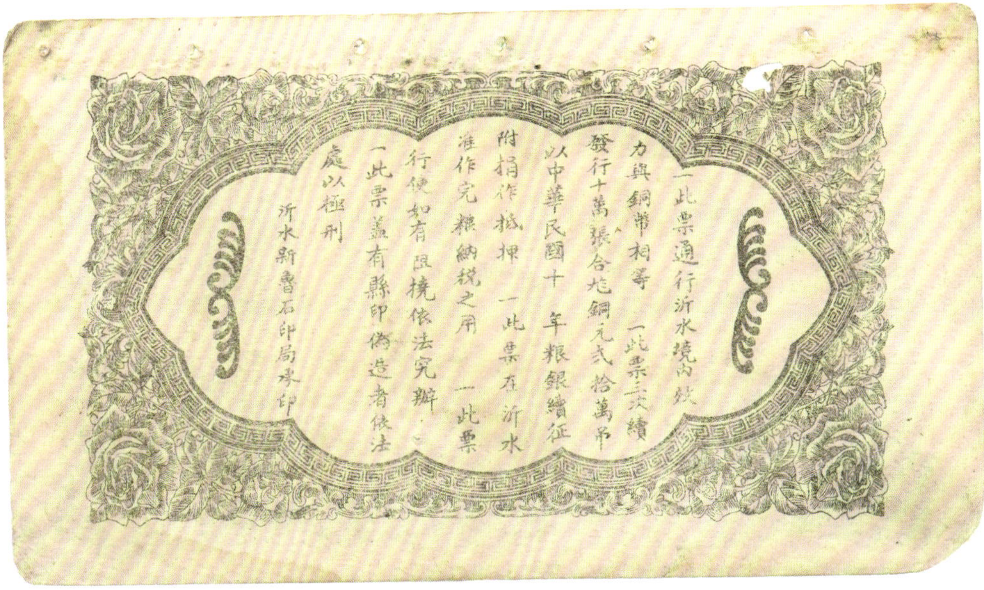

票名： 沂水县地方财政处铜圆手票

颜色： 蓝 / 绿

地址： 沂水

票幅： 167 × 98mm

面值： 贰吊

印制： 沂水新鲁石印局 民国十五年三月

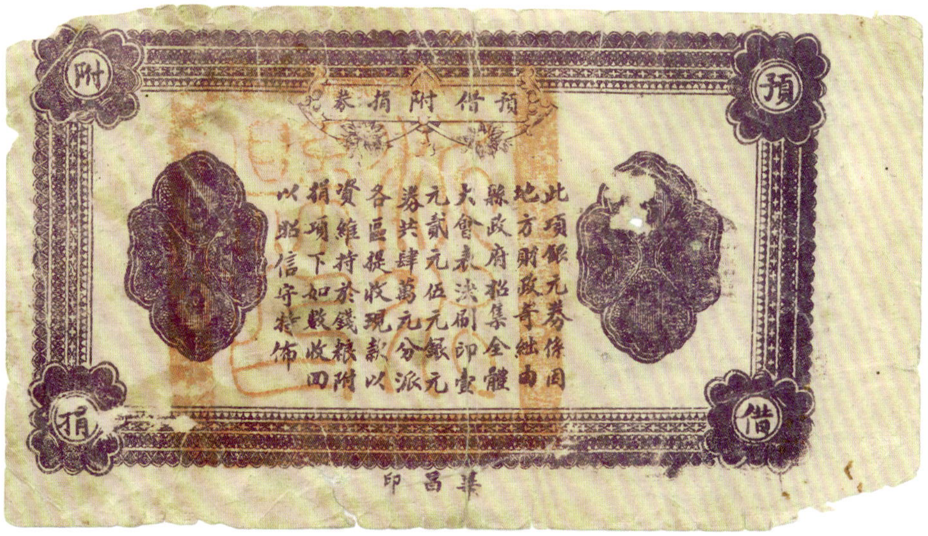

票名：预借附捐券

颜色：绿 / 紫

地址：沂水

票幅：157 × 88mm

面值：贰元

印制：华昌印　民国十八年三月

庄号： 同顺油坊

颜色： 蓝 / 红

地址： 沂北儒林

票幅： 不详

面值： 叁角

印制： 沂水华昌印刷局印　民国二十年一月

益寿临广

票名：益寿临广流通辅币

颜色：红 / 蓝

地址：益都　寿光　临淄　广饶

票幅：110 × 63mm

面值：五分

印制：未标识

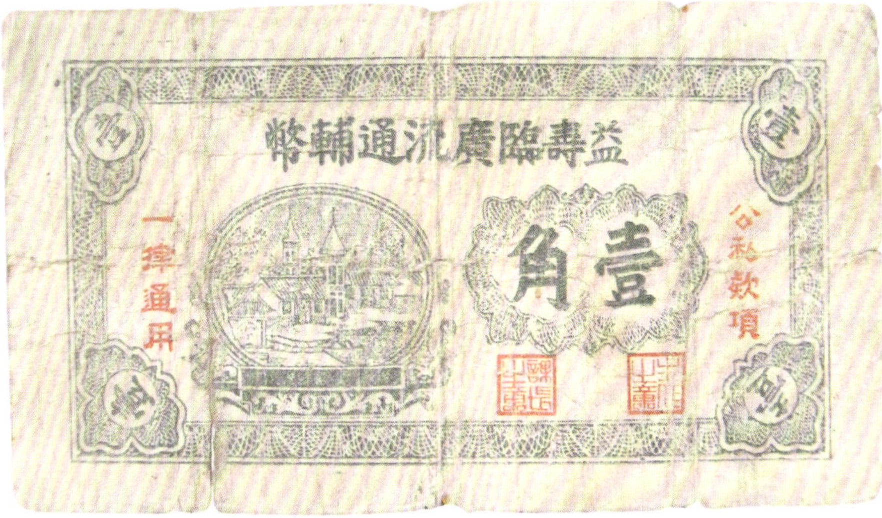

票名： 益寿临广流通辅币

颜色： 蓝 / 棕

地址： 益都　寿光　临淄　广饶

票幅： 112×63mm

面值： 壹角

印制： 未标识

票名：益寿临广流通辅币

颜色：不详

地址：益都　寿光　临淄　广饶

票幅：110×61mm

面值：贰角

印制：未标识

票名：益寿临广流通辅币

颜色：蓝 / 紫

地址：益都　寿光　临淄　广饶

票幅：104 × 57mm

面值：贰角

印制：未标识

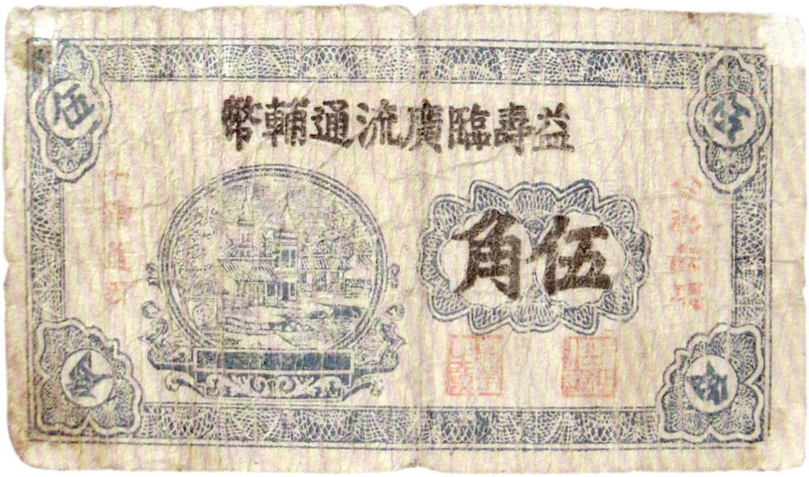

票名： 益寿临广流通辅币

颜色： 蓝 / 绿

地址： 益都　寿光　临淄　广饶

票幅： 102 × 56mm

面值： 伍角

印制： 未标识

地方票相关资料

金代“淄州交会”铜钞版

金代“淄州交会”铜钞版（残缺）

民国周村地方票石印版

周村银钱业同业公会敬赠石桌

民国地方票铜印版

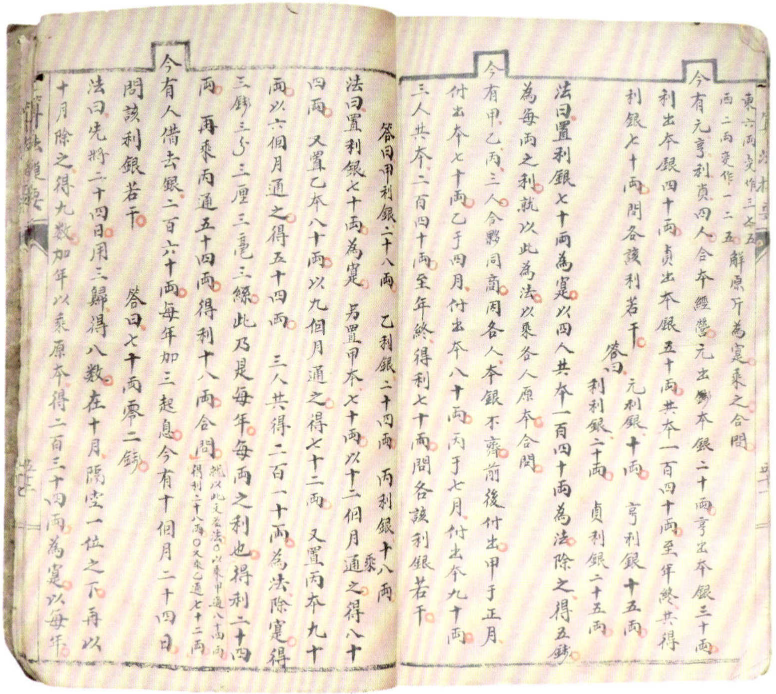
東六兩变作三本五 兩二兩变作一二五 觧原斤為寔乘之合問
今有元亨利貞四人合本經營元出本銀二十兩亨出本銀三十兩
利出本銀四十兩貞出本銀五十兩共本一百四十兩至年終共得
利銀七十兩問各該利若干
荅曰 元利銀十兩 亨利銀十五兩
利利銀二十兩 貞利銀二十五兩
法曰置利銀七十兩為寔以四人共本一百四十兩為法除之得五錢
為每兩之利就以此為法以乘各人原本合問
今有甲乙丙三人合夥同商因各人本銀不齊前後付出甲于正月
付出本七十兩乙于四月付出本八十兩丙于七月付出本九十兩
三人共本二百四十兩至年終得利七十兩問各該利銀若干
荅曰甲利銀二十八兩 乙利銀二十四兩 丙利銀十八兩
法曰置利銀七十兩為寔 另置甲本七十兩以十二個月通之得八十
四兩 又置乙本八十兩以九個月通之得七十二兩 又置丙本九十
兩以六個月通之得五十四兩 三人共得二百一十兩為法除寔得
三錢三分三厘三毫三絲此乃是每年每兩之利也得利二十四
兩 再乘丙通五十四兩得利十八兩合問 (然以此又省法○以乘甲通八十四兩得利二十八兩○又乘乙通七十二兩)
今有人借去銀二百六十兩每年加三起息今有十個月二十四日
問該利銀若干 荅曰七十兩零二錢
法曰先將二十四日用三歸得八數在十月隔空一位之下再以
十月除之得九數加年以乘原本得二百三十四兩為寔以每年

清代桓台《算法捷要》书影

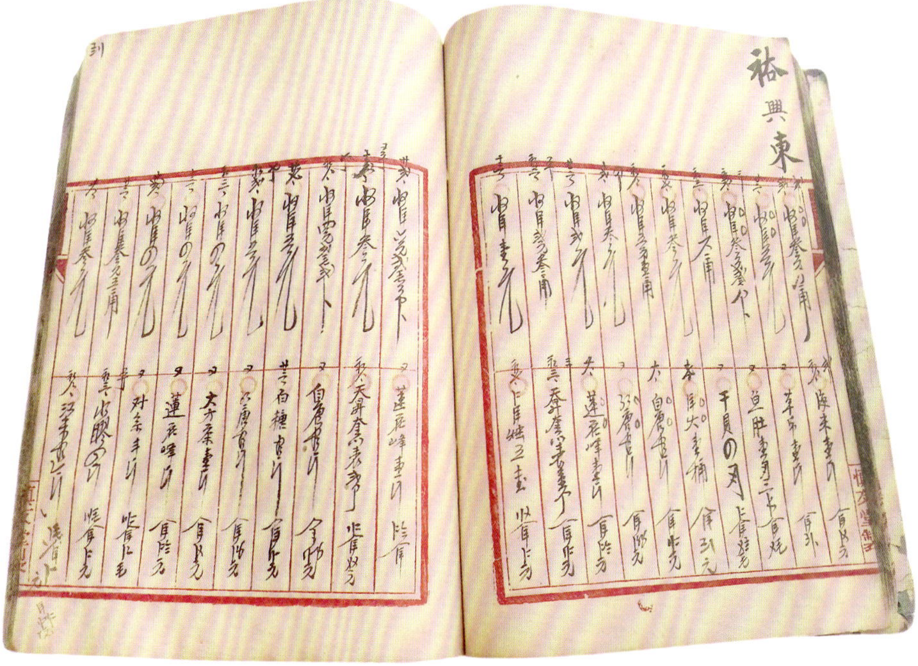

民国桓台地方钱庄账本

新華印刷社
保險證書

立保險證新華印刷社今承印
山東省桓台縣河堐頭莊
吉盛永寶號四色錢票叁仟〇廿張每仟
張洋八元七角共合洋廿六元叁角
查鈔票一項關係重要若不嚴加防
範誠恐奸徒仿造魚目混珠不但紙
幣受大影響名譽亦有妨碍理應發
給保險證以昭慎重嗣有發生鈔票
與敝社所印紙料花紋顏色字跡相
符者甘負完全責任貴號續印時
即持此證來敝社接洽以免假冒實
為兩便

介紹定印人 田淑彥
舖保蓋章

民國拾叁年四月十四日 具

新字第 號

民国桓台吉盛永宝号印制钱票的保险单

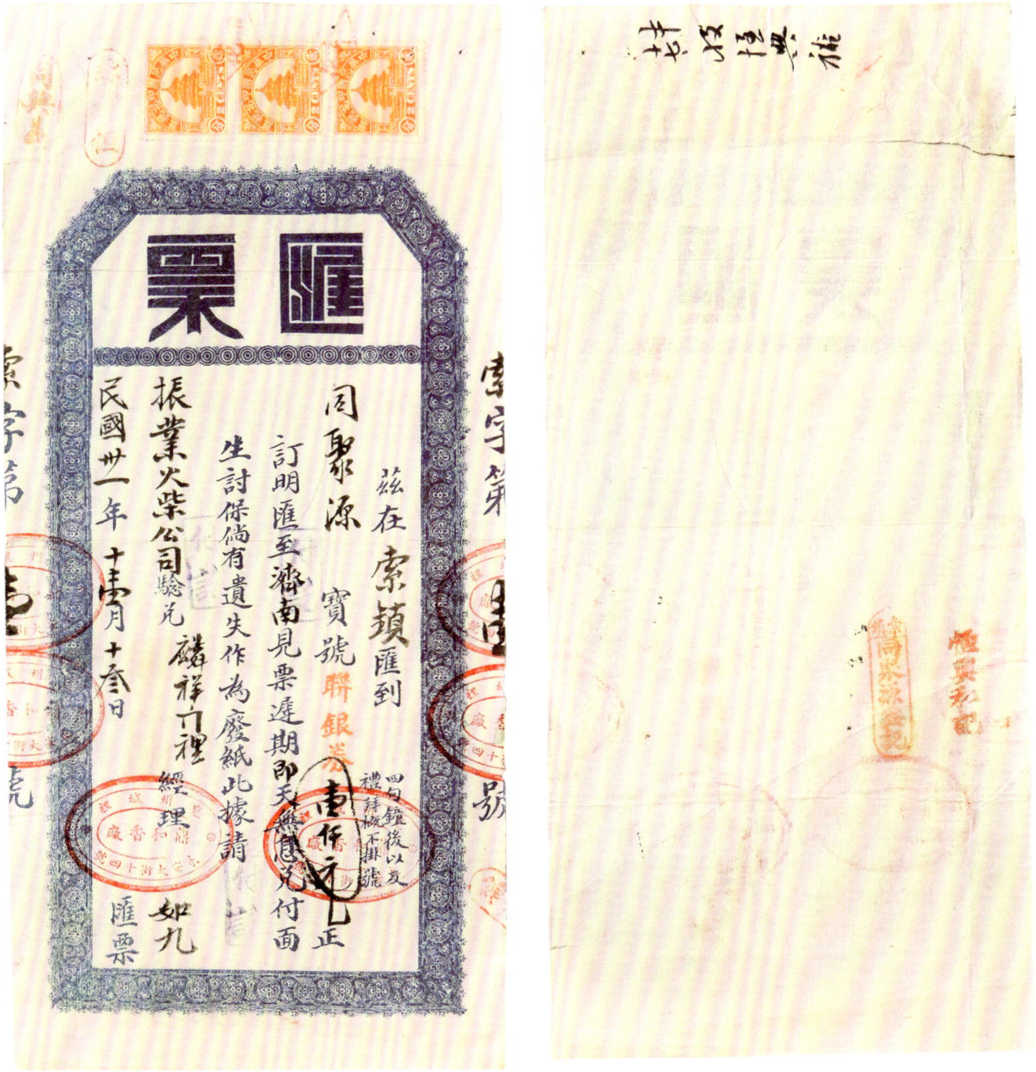

桓台索镇同聚源宝号汇票

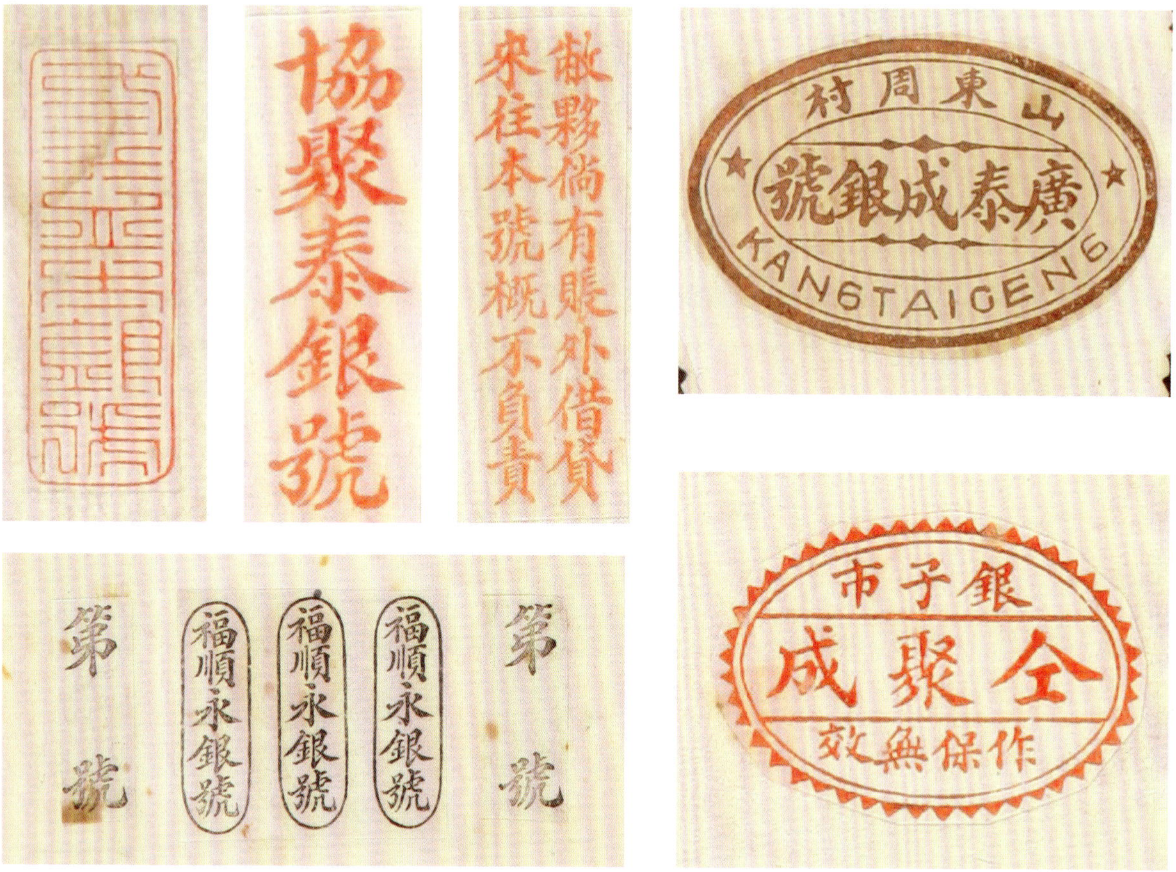

淄博部分地方银钱号印蜕

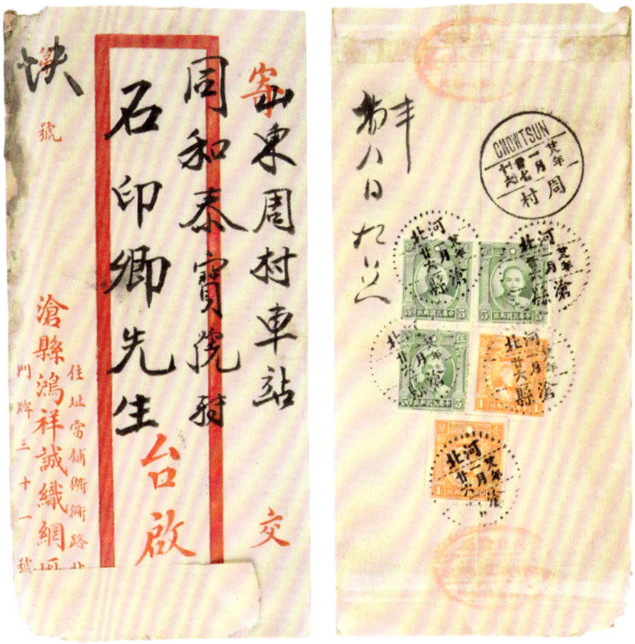

民国周村票号之间往来信件

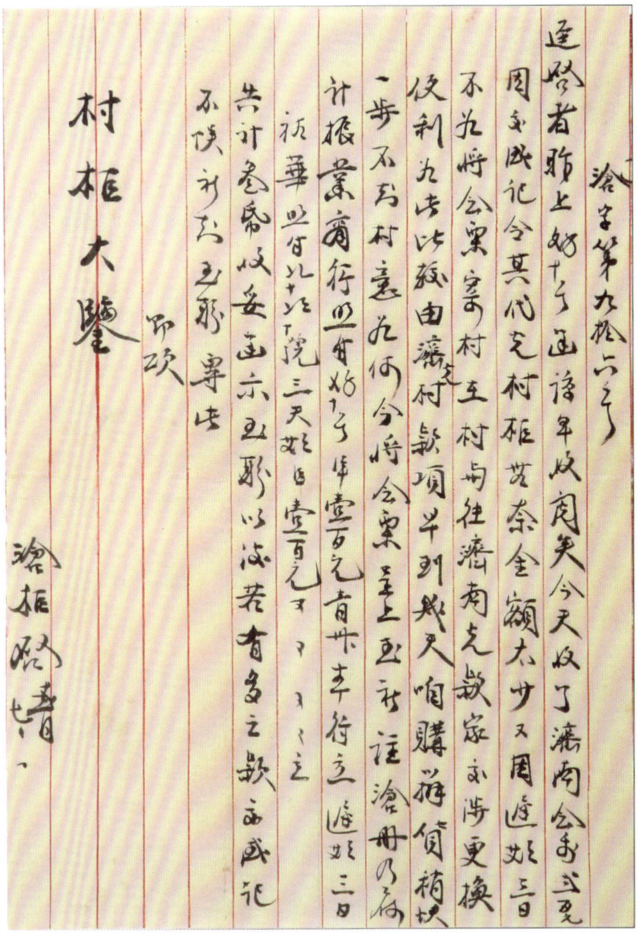

有关汇票的信件内容

周村银子市街外景

大德通票号旧址

乾元银号旧址

长盛公银号旧址

本书作者考察调查北海银行临淄地下印刷所

临淄北海银行地下印刷所旧址

后 记

为推动淄博市地方钱币的研究，淄博市钱币学会计划编著一本有关淄博地方钱币的书。在2014年初的工作会议上，经过充分讨论，确定书名为《淄博地方票》，并成立编委会，由陈旭同志任主编，正式启动这一工作。经过近一年的辛勤工作，今天终于付梓了。

回忆整个编书过程，在史料查阅、资料整理、实物收集，以及对新资料的发现与考证等方面都做了大量认真细致的工作。有时为查证一张纸币历史背景的准确性，或与本地地方票有关的内容，编委会同志不辞辛苦，去胶东、临沂、北京等地，联系广大藏友对实物进行收集整理，为本书的编写付出了巨大的精力。

在此感谢郭济生、马环桥、吕墨林、魏传来、石长有、盛志坚、潘志海、潘苏华、陈勇、周宏、曹永良、田有树、朱洪斌、荆波、孟伟等诸先生给予的支持和帮助。

感谢国家文物鉴定委员会、国家文物局专家组成员、中国钱币博物馆原馆长戴志强先生为本书写序。

齐鲁钱币博物馆馆长贺传芬女士为本书提供了专业性指导，齐鲁书社责任编辑贺伟先生在本书的编辑过程中付出了大量辛苦的工作，在此一并致谢。

囿于学识，书中定有不足和欠妥之处，敬祈读者与同道不吝赐教。

《淄博地方票》编委会

2014年9月12日

图书在版编目（CIP）数据

淄博地方票 / 陈旭主编 . —济南：齐鲁书社，
2014.12
ISBN 978-7-5333-3246-4

Ⅰ. ①淄… Ⅱ. ①陈… Ⅲ. ①票据—银行史—史料—
淄博市—清后期～民国 Ⅳ. ① F832.752.3

中国版本图书馆 CIP 数据核字（2014）第 260732 号

淄博地方票
陈旭　主编

主管单位　山东出版传媒股份有限公司
出版发行　齊魯書社
社　　址　济南市英雄山路 189 号
邮　　编　250002
网　　址　www.qlss.com.cn
电子邮箱　qilupress@126.com
营销中心　（0531）82098521　82098519
印　　刷　济南大邦印务有限公司
开　　本　787mm×1092mm　1/16
印　　张　18.5
插　　页　2
字　　数　400 千
版　　次　2014 年 12 月第 1 版
印　　次　2014 年 12 月第 1 次印刷
标准书号　ISBN 978-7-5333-3246-4
定　　价　**380.00** 元